MARKETING MOVIE

INGREDIENTI BASE PER TROVARE NUOVI CLIENTI CON IL DIALOGO ARMONICO

Cristina Zambanini

A Fabrizio,
il mio compagno di vita,
per ancora più Movies insieme.

Contenuti

Introduzione i

La Ricetta Magica del Marketing 3

#Marketing 4

#Mercato..6

#PiazzeDialoganti...7

#Scribing..8

#MarketingMix 8

#4P..9

#4C 9

#4E 10

#Passaparola...11

#TonodiVoce e #Contenuti...11

#PersonealCentro...12

#Interlocutori, #Pubblici, #Stakeholders 12

#MondidaConoscere 13

#Segmento...14

#Cluster..16

#Personas 17

#DialogoArmonico e #Tribù..17

#TribùArmoniche 18

#Valore 19

#Influencers 19

#Consumer...20

#Prosumer...20

#Target..20

#Armonici 21

Il Web: ingrediente buono o cattivo? 23

#RealTime 26

#Esperienzialità 27

#LearningbyDoing..28

#Hashatag..28

#OpenYourMind 29

Steps e Strategia 31

#MarketingMovie e #Strategia.......................................31

"Passi" basic della Strategia...34

#Analisi - passo 1-..36

#Vision..36

#Scenario 37

Scenario Contemporaneo, Real Time e momenti decisionali.....38

#Pianificazione - passo 2-..44

#Mission 44

#ContentStrategy...46

Attuazione - passo 3 - 48

Verifica e Controllo - passo 4 -.................................48

Scenario Tradizionale? Come fotografarlo 49

Conoscere il proprio mondo.......................................49

#VisionGlobale. - Passo 1 -..51

VisiondiArea (se prevista). - Passo 2 -.....................51

#Documentarsi e #Recintare. - Passo 3 - 52

#Documentarsi..52

#Recintare l'area di studio...52

#MetododiLavoro 53

#AnalisidellaConcorrenza.- Passo 4 - 53

#Brainstorming e #SwotAnalysis .- Passo 5- 54

#SwotAnalyisis...55

#Interlocutori. -Passo 6- 58

#InterlocutoridiRiferimento basic. - Passo 7 - 61

Correre con il Real Time 63

Analisi Esterna in ottica Contemporanea 63

Contemporaneo vs. Tradizionale -Passo 1-....................................65

Real Time Listening – Passo 2-...65

#Macrotrends di scenario e di settore - A..66

#Recintare con #MetododiLavoro - B...67

#PosizionamentoComunicativo - C..67

#SentymentAnalysis. - D -..75

#Influencers (individuazione). - E -...76

Stare sulla notizia. - Passo 3 -...79

Flessibilità e prontezza al cambiamento. - Passo 4-......................79

O.Y.M. (apri la tua mente). - Passo 5 -...80

Interlocutori di Riferimento. - Passo 6 -...81

#Innovatori/Innovators..82

#Adottatori/Early Adopters...82

#Ritardatari/Laggards..82

#Armonici...83

L'Analisi e il viaggio verso i Media..85

#IlViaggioPerAcquistare...86

#TappeDiViaggio...87

Strumenti della Comunicazione Tradizionale - alcuni input.......92

#Comunicazione Istituzionale...92

#ComunicazioneFinanziaria 96

#ComunicazioneInterna...96

#ComunicazionediMarketing 97

Converged Media..97

Eccoci. abbiamo finito? 101

Alcune note su di me 102

Introduzione

Passione, emozione e voglia di mettersi in gioco. Ricordo un amica che qualche anno fa mi esternò un pensiero "…mi sono resa conto che non serve correre tanto … è meglio fermarsi un attimo e pensare …."".

Ho fatto mia questa frase che mi ha spinto a riflettere e a scrivere. La mente corre infatti alla vita professionale, alle Persone che ho incontrato. Mi sono infatti resa conto che il condividere alcuni "ingredienti di conoscenza" poteva essere utile a molti. Ecco come è nato questo piccolo supporto di Marketing volto ad accompagnare verso gli approcci odierni con strumenti pratici e di immediata applicazione.

Penso a… liberi professionisti, a piccole realtà imprenditoriali, a coloro che non possono permettersi un ufficio Marketing … o a chi è semplicemente curioso di saperne di più ed è desideroso di dare il via al proprio #MarketingMovie.

O.Y.M.(open your mind), "apri la tua mente". Questo è il motto che da sempre mi accompagna tenendo alta la mia curiosità. Se anche voi siete curiosi spero che in queste pagine possiate trovare dei nuovi stimoli arricchendo in maniera utile e pratica le vostre conoscenze per mettervi in gioco.

Questo libro vuole infatti essere un inizio, uno strumento per avviare il **"Movie"**: perché il film, il vostro film lo potrete costruire con emozione e passione … Basterà fermarsi un attimo: pensare, conoscere e … partire con questi primi ingredienti. E al centro di tutto questo?

Le **Persone** che conversano, creano, costruiscono insieme con …. quello che mi piace chiamare il nuovo **#DialogoArmonico.** Un nuovo modo di parlare, un linguaggio con cui entrare in sintonia, per trovare, conoscere, abbracciare gli **#Armonici.** Sì perché sono loro i veri attori protagonisti…

Come individuiamo gli **#Armonici**? Chi sono?

Parliamone insieme in chiave #hashtag: il famoso cancelletto che frequentemente vediamo utilizzato e che sarà la nostra linea guida nei contenuti di queste pagine, la traccia del nostro conversare insieme. Mi ha infatti sempre affascinato il suo "uso" e non "abuso", un simbolo fantastico che aiuta a tracciare dialoghi ed entrare nel cuore delle conversazioni globali. Non male vero? Entrare nel mondo, dialogare con chi è interessato a parlare di quell'argomento o ascoltare, approfondire, conoscere.

E allora … Ciak si gira? Certamente … cominciamo ad organizzarci.

La Ricetta Magica del Marketing

Marketing ...quante volte parliamo di Marketing, che parola affascinante ...e quante volte prima di affrontare i miei studi universitari mi sono chiesta: "Cos' è?". Con il passare degli anni ho capito anche come l'incanto di questa parola era in grado di aprire scenari inesplorati ...suscitare ancora maggiori emozioni. ...Pensateci... Il Marketing é utile per lavorare meglio. In realtà lo applichiamo tutti i giorni, magari non sapendo nemmeno cosa sia, avremo modo di parlarne. Iniziamo intanto a condividere alcune elementi della ricetta magica, ingredienti utili che ci accompagneranno nella lettura.

Nel corso della mia esperienza mi sono resa infatti conto che, per poter impostare dei progetti comuni, è di fondamentale importanza tener conto dei diversi background delle Persone che collaboreranno fianco a fianco. Cadauna nel suo "mondo" avrà raccolto esperienze diverse e concetti più o meno professionali sul tema ma la certezza è che per condividere un'iniziativa, un progetto è opportuno capirsi, al fine di orientarsi meglio e raggiungere gli obiettivi. Per fare questo è necessario **"parlare la stessa lingua".** Il mio semplificare spero non sia frainteso da illustri esperti di settore ma ho sempre pensato che il coinvolgimento, l'entusiasmo, la passione e la voglia di fare e crescere insieme sia essenziale.

Camminando verso un mondo nuovo dove tutti "si capiscono": nasce così il film, il vero, nuovo ed indimenticabile film del vostro prodotto o servizio! Quello in grado di far fare WOW!

Questo perché, è spesso dimostrato, i progetti "calati dall'alto" non sono capiti e seguiti ed anche perché, soprattutto per le piccole realtà, le Persone lavorano con successo e si adoperano nel fare del loro meglio senza aver necessariamente conseguito degli studi di Marketing specifici.

Adesso iniziamo dunque a conoscere i primi ingredienti della ricetta magica. Questi elementi iniziali che assaggeremo insieme ci accompagneranno nel capire che la qualità del prodotto sta in primo luogo nelle Persone. La centralità dell'essere umano nel "Marketing Movie" è dirompente. Per questo è essenziale conoscere fin da subito alcuni ingredienti "Armonici", requisiti indispensabili del Marketing dei tempi attuali.

#Marketing

Tutti parlano e sentono parlare di Marketing e quello che ne deriva sono infinite definizioni ovviamente spesso molto autorevoli. Nei miei vari interventi d'aula e collaborazioni con operatori ho sempre pensato che fosse opportuno aprire i lavori con queste domande: "Cosa è il Marketing?", "Lo sapreste descrivere con un'unica parola chiave?", "Provate a chiedervelo…". Le risposte sono infinite…soprattutto per chi è già nel mondo del lavoro ed ha ormai fatto suo il concetto o una sua derivazione.

E allora… e allora le risposte che ho ricevuto spingono a capire che spesso è riduttivo parlare di Marketing come: "vendita", "fare soldi"; "fare pubblicità" o un "insieme di strumenti di vendita". Potremmo proseguire e riempire così pagine e pagine di quanto emerge dal gruppo…

"Tutto giusto" - dico sempre io - "…come potrebbe non esserlo se fate Marketing tutti i giorni? Ma proseguiamo ora con il nostro **brainstorming di gruppo per trovare la parola magica che ci unisce**, cerchiamo di trovarla insieme.

Le Persone sono all'interno dei Mercati e all'interno delle Aziende: conversano... commentano.... In tutto questo che ruolo ha il Marketing? Cosa significa?

- Marketing significa che per vendere, per fare fatturato è necessario parlare con le Persone e confrontarsi con tutti all'interno e all'esterno delle Aziende.

- Marketing significa saper ascoltare le Persone e produrre beni e servizi in grado di rispondere a quello che stanno cercando. Per inventare quel qualchecosa di eccezionale che sappia cavalcare il momento, essere straordinario, eccezionale veramente ed unico.

- Marketing significa saper accompagnare i consumatori nella scelta dei prodotti, servizi a cui stanno pensando.

- Marketing significa utilizzare tutti gli strumenti tradizionali e le nuove tecnologie per arrivare al Dialogo, allo scambio perfetto che porti ad una conversazione costruttiva con il Consumatore.

- Marketing significa non fermarsi mai e saper ascoltare e seguire la concorrenza non vedendola come un nemico ma come un incentivo per migliorare. Significa anche entrare nel flusso e capire come proporsi meglio.

- Marketing significa saper alimentare lo scambio ed il Dialogo con il Consumatore. Al punto tale che lui stesso diventi portavoce e testimonial con un passa parola attivo di quello che sta presentando, elevando così la reputazione della mia Azienda.

Marketing significa saper valorizzare tutte le componenti di Dialogo ed Ascolto interne ed esterne di una struttura. Sì perché ognuno contribuisce allo sviluppo del processo Aziendale, all'uscita del prodotto o servizio sul Mercato. Tutto questo alimenta ancora una volta il Dialogo positivo verso il brand, verso l'Azienda. Come dico sempre… "Attenzione in ogni momento della vostra giornata fate Marketing".

In conclusione…pensateci un attimo… **chi sono i protagonisti principali nel Marketing?** I Personaggi in estrema sintesi sono due: le Aziende (che sono fatte da Persone) e le Persone che consumano, acquistano, spendono…. **Le Persone al centro di tutto**…. Le Persone che parlano, scambiano opinioni, commentano….

Ecco che **il Marketing è scambio, il Marketing è Dialogo, il Marketing è un insieme di strumenti di Dialogo e Ascolto che portano l'Azienda a creare e migliorare prodotti e servizi al fine di trarne un guadagno. Marketing è Dialogo, Marketing è scambio costruttivo.**

Il Marketing Movie che andremo a conoscere è un Dialogo vivo, pulsante, appassionante …quello fatto con i giusti ingredienti. Quello in grado di far sentire che tutto si combina e amalgama bene, che fa venir voglia di essere vissuto, raccontato e assaporato in prima persona, insieme ai propri amici.

#Mercato

Il Mercato è fatto di Persone e, in ogni concetto, definizione, ritroviamo la centralità dell' essere umano. E' su questo che si spinge il Marketing di oggi ed anche l'approccio di lavoro che affronteremo insieme.

Pensando al **"Mercato" fatto di Persone**. Cosa fanno le Persone? Le Persone conversano, dialogano, contrattano. **E come conversano oggi le Persone? Le**

Persone si muovono su diverse piazze di conversazione: dal mondo reale al mondo virtuale.

#PiazzeDialoganti

Il Dialogo oggi si sposta sempre più sul web e bisogna adeguarsi. Oggi è ormai quasi tutto a portata di click e diventa importante conoscere le potenzialità di questi strumenti. Anche a piccoli passi, avvicinarsi.

Penso ancora alle piccole realtà o a coloro che tuttora attorcigliano il naso pensando al web... sarà veramente che non lo desiderano conoscere meglio o hanno invece paura del nuovo che avanza?

Gli strumenti di conversazione di oggi sono spesso accattivanti e, oserei dire, nel contempo anche "pericolosi" se non si sanno utilizzare al meglio, non si possono ignorare, non si può crescere senza di loro.

Vite parallele? Non direi parallele ...chi di noi non usa almeno il semplice computer o il cellulare? Sono ormai il minimo vitale. Ovviamente per attuare almeno un buon Dialogo dobbiamo andare oltre.

Le Persone sono al centro di ogni scelta. La forza di un buon progetto di Marketing sta nel sapere individuare gli strumenti più adatti per essere oggetto di queste conversazioni divenendo fonte e stimolo di conversazioni positive! Positive al punto da trasformarsi in oggetto di chiacchiera, di pettegolezzo. Il compito del marketer di oggi? Pensare, saper nutrire argomenti e scambi di idee con nuova linfa perché... la vita è anche e soprattutto sempre più on line.

#Scribing

Cos'è? Perché ne parlo qui? Qualcuno di voi sa di cosa si tratta? Cliccate su internet e avrete una prima idea. Devo dire che, prima ancora di conoscere questo termine, ne ero già affascinata sentendo molto mia la "modalità di descrivere un concetto" sintetizzato ora con questa magnifica parola. Una magia di sintesi che, in un attimo, fa cogliere l'emozionalità e l'attualità. Scribing allora cosa significa?

La mia interpretazione? Scrivere a mano con il vecchio pennarello o penna e magari aggiungendo delle immagini disegnate, cogliendone gli intrecci, i collegamenti di quanto si vuole rappresentare. Il tutto con l'impronta del "messaggio che sta viaggiando".

Pensate ad esempio ad una riunione aziendale, a quanto efficacemente uno Scribing potrebbe descrivere i contenuti della medesima. Saremo in grado di cogliere le emozioni ed i concetti emersi. Sono certa che questo comunicare è in grado di lasciare un segno profondo.

In questo modo anch'io desideravo tramettervi qualche elemento sotto forma d' immagine: aiutando le parole con delle faccine, con dei sorrisi. Quando li vedrete potrete pensare a come il pennarello mi ha accompagnato facendo nascere piccoli disegni per raccontarvi, a modo mio, le immagini del Movie che sta prendendo forma.

#MarketingMix

Marketing Mix ovvero le variabili su cui deve operare l'impresa per raggiungere al meglio i propri obiettivi. Nel dialogare ci possono essere vari strumenti; le variabili per operare nel migliore dei modi gli scambi tra Persone si sono evoluti. Nel corso del tempo si è cercato, attraverso diverse teorie, di focalizzare i punti essenziali su cui lavorare.

Personalmente penso si possano sintetizzare tre passaggi centrali di sviluppo di questa evoluzione del Marketing Mix anche se certamente molte sono le teorie sull'argomento. È indiscusso il fatto che ci si sta spingendo verso l'apertura, verso la dimensione collettiva.

Nascono così almeno tre aree di variabili decisionali: le 4P, le 4C e le 4E. Spesso non vi è una vera frattura tra questi blocchi ma, a mio parere, semplicemente diversi modi di interpretare e applicare le proprie politiche di Marketing. Il mix perfetto è la loro unione.

#4P

Il Consumatore è considerato un soggetto passivo che va bombardato di informazioni. Quello che spesso ne esce sono pubblicità autoreferenziali e l'attenzione non si concentra sulle Persone ma sul prodotto. Le variabili su cui porre l'attenzione sono le P del prodotto e tutto il suo mondo: **Product** (bene o servizio), **Price** (valore del prodotto), **Promotion** (attività tradizionali volte a promuovere il bene), **Place** (luoghi di distribuzione del prodotto).

Focus di attenzione sull'impresa e sul prodotto/ "Persone ascoltanti".

#4C

Il Consumatore è considerato un soggetto attivo e pensante, vi è la necessità di instaurare con lui un Dialogo crescente e costruttivo. Si lavora sul cosa cerca il Consumatore. Le pubblicità mirano ad ascoltare le sue esigenze. Le variabili su cui lavorare sono le C del Consumatore e tutto il suo mondo. **Consumer** (soddisfazione del Consumatore), **Cost** (costi per l'acquirente, quanto è disposto a spendere per quel prodotto), **Communication** (diverse forme di promozione e comunicazione), **Convenience** (grazie ad internet ci sono più opportunità di scelta).

Focus di attenzione sul Consumatore e la sua soddisfazione/ "Persone pensanti".

#4E

Il Consumatore non è solo pensante ma è anche dialogante su più "piazze reali e virtuali". Vi è la necessità di alimentare con lui frequenti relazioni generando uno scambio vigoroso. Al punto tale da stimolare il suo voler essere "testimonial" di quanto proposto in ogni "suo mondo" on line ed off line.

I valori che contribuiscono sono tanti e vanno oltre l'uso del prodotto (4P) e la soddisfazione del Consumatore (4C). Le variabili su cui operare sono sul suo agire e raccontare. **Experience** (esperienza di acquisto on line ed offline), **Exchange** (l'oggetto di scambio che ha un valore), **Evangelism** (tutti sono testimonial), **Everyplace** (in qualunque luogo non solo fisico).

Focus di attenzione contenuti e canali di conversazione delle Persone; Persone pensanti e dialoganti in Communities mondiali.

Mi piace pensare all'armonia che in questa evoluzione si va instaurando tra le Persone: va cercata, coltivata in ogni momento. Il web cresce, avanza. Le Persone parlano e si spostano sul web e vivono il quotidiano in una grande conversazione collettiva.

Le Aziende ne stanno prendendo coscienza e capiscono che è necessario imparare a dialogare con loro e, con maggior frequenza, su questi canali. Il web infatti permette spesso di mostrare e vendere i propri prodotti e servizi divenendo così oggetto di discussione e Dialogo.

Per questo si evolvono le strategie, vanno incrementando le variabili decisionali (4P,4C,4E) e ancor più nascono nuovi approcci di contenuto strategico **(Content Strategy)** e mix di strumenti di comunicazione paralleli **(Converged Media)** dei quali parleremo insieme.

#Passaparola

Il **passa parola (Word of Mouth - W.O.M.)** da sempre è la chiave, lo strumento principale per aprire nuove porte, per conoscere e farsi conoscere. Oggi diventa oltremodo importante perché le "piazze" sono aumentate, i luoghi di incontro sono "mondiali" e parlare in queste "piazze", imparare ad ascoltarle diventa essenziale per un passa parola positivo. Fondamentale anche per "correggere il tiro", se qualcuno non parla molto bene di noi, del nostro prodotto o servizio.

La chiacchiera di "chi parla bene di noi", "dei nostri prodotti …e servizi", ha sempre portato a risultati crescenti e positivi della attività ma oggi questo effetto è ancora più forte ed incisivo grazie alla presenza del web e ancor di più dei social!

#TonodiVoce e #Contenuti

Noi parliamo tutti i giorni e possiamo dialogare bene o male con amici, vicini, turisti, collaboratori, fornitori. Il modo in cui parliamo, il tono che usiamo nel chiacchierare, i contenuti che trasmettiamo fanno la differenza ed è su questo che è essenziale lavorare con metodo.

WOW che bella chiacchierata! WOW quello che mi racconti è davvero interessante ...ne voglio parlare con i miei amici. In tutto questo sta prendendo forma e importanza il concetto di Content Strategy che, in piccola parte, impareremo a conoscere insieme.

L'uso dell'adeguato tono di voce, anche on line, è importante. Il modo in cui parliamo, il modo in cui dialoghiamo riflette la nostra Persona, il nostro brand che dovrebbe saper parlare con voce umana.

#PersonealCentro

Ragionando insieme si è dunque visto come le Persone devono e sono frequentemente al centro delle nostre attenzioni. Quello che certamente risulta chiaro è che non è possibile "dialogare" con tutti sia per "mancanza di tempo" sia soprattutto perché, ai fini della impostazione di una strategia, risulta necessario fare delle scelte.

E' opportuno quindi decidere come e con chi parlare, come rapportarsi con le Persone facendo del nostro meglio per attirare la loro attenzione ed essere così al centro delle loro conversazioni.

#Interlocutori, #Pubblici, #Stakeholders

Questo nostro scegliere necessita di essere preceduto da un "lavoro di Analisi accurato". Il primo passo, come vedremo, è analizzare il proprio "mondo".

Qual' è il vostro mondo? Conoscete quello attuale? Avete una idea di quello potenziale? Per capirlo è necessario fotografare in una immagine tutte le Persone che interagiscono o potenzialmente potrebbero interagire con la propria organizzazione. Questo significa inquadrare gli Stakeholders. Saranno attori, comparse e...potenziali protagonisti.

Capiremo insieme come dietro questo concetto ci sia tanto, tantissimo, come il "mondo da scoprire" sarà la principale chiave di lettura del Dialogo. Sì, perché in fondo, ancora una volta, non possiamo parlare di Marketing se non parliamo delle Persone. Fra i termini tecnici che impareremo a conoscere ci sono per l'appunto gli "Stakeholders". Dei sinonimi d'uso comune sono poi i "Pubblici" o "Interlocutori".

#MondidaConoscere

Fermatevi un attimo a pensare...quali sono i vostri **"mondi di Persone"**? Tanto più ampio sarà l'orizzonte lavorativo della vostra attività maggiori saranno i vostri mondi: quelli vissuti fino ad oggi e quelli che, riflettendo un pochino, potreste individuare, inquadrare, selezionare.

Pensiamo ad una realtà che decide di operare con nuovi approcci di Marketing. Fino a quel momento il suo lavoro potrà essersi concentrato ad esempio a livello locale, nazionale ed estero secondo una serie di contatti, di relazioni che, con il tempo, sarà riuscita ad instaurare ed incrementare. Il primo approccio di Analisi potrà ad esempio partire secondo una base geografica.

Questo però è solo l'inizio perché, conoscere i mondi ed esplorarli, non è solo geografia. Ognuno ha il suo mondo tutto da scoprire e tocca a voi trovarlo.

Fate un elenco ... con chi potenzialmente potreste parlare....avete una prima idea? Forse prima avete bisogno di capire cosa gli vorreste raccontare. Magari poi non solo a loro ma anche a chi ancora non conoscete. Tutto questo migliorando il vostro parlare, i contenuti del conversare.

Rifletteci ..cosa sarebbe meglio per voi, per la vostra serenità e per la vostra attività? Che parlassero in positivo di voi ...giusto? ...Che raccontassero quanto avvincente è la vostra proposta, il vostro prodotto o servizio... e che questo racconto sia tanto appassionante, tanto vivo nelle sue parole da essere condiviso e raccontato da altri. Ecco quindi che suona il WOW!

Per fare questo serve strategia e non sono chiacchiere...ricordando che **ogni mondo ha il suo vivere anche e sempre in internet.** Un mondo grande quello di internet dove, anche se piccolini, si può emergere e farsi conoscere ...e dal quale non si potrà stare lontani. Queste prime riflessioni ci fanno capire che c'è ancora molto da "scavare", da ragionare, per conoscersi e conoscere.

#Segmento

Potrete dire.. scontato... lo sappiamo ma forse a volte serve rifletterci per approfondire il concetto, per andare oltre e coglierne appieno il significato.

Il segmento unisce le Persone sulla basi di criteri comuni ed aggreganti. Gruppi costituiti da soggetti (individui o altre organizzazioni) che manifestano bisogni comuni e omogenei.

Secondo la visione tradizionale del Marketing possiamo dire che la **Segmentazione** orienta la scelta del Mercato, dei Target a cui rivolgersi e, conseguentemente, delle strategie che ne seguono.

Mi piace proporre il concetto di segmentazione rapportandolo ad una semplice osservazione volta a stimolare la fantasia. Ve lo illustro con un simpatico esempio "infantile". Se in una cesta ho tante formine colorate: rotonde, quadrate, ovali... e decido di scegliere qualchecosa da quel cesto... come lo scelgo? Posso scegliere in base alla forma o in base al colore. Questa mia scelta implica l'utilizzo di un **Criterio di Segmentazione** (colore o forma).

I Segmenti possono essere di diverso tipo in base alle modalità con le quali si decide di approcciarsi ed avere così diverse caratteristiche e sottogruppi: posso scegliere le formine rosse di qualunque forma o solo quelle quadrate...

Oggi parlare di **Segmento di Mercato** è più complesso e nel contempo limitante. Pensiamo al classico **Criterio di Segmentazione**, quello geografico, che propone suddivisioni in base a stati, regioni, città. A cui vanno ad aggiungersi ulteriori sotto segmenti come metropoli: grandi, medie, piccole. Un altro Criterio di Segmentazione, a cui spesso ci si riferisce, è quello socio - demografico: età, titolo di studio, livello di reddito, professione.

Domanda: non sembra anche a voi superato pensare di classificare delle Persone in questo modo? O meglio, credo non sia corretto dire "superato" ma certamente questi criteri necessitano di essere integrati da nozioni più moderne che tengano conto del "continuo conversare" delle Persone. Il loro "chiacchierare, dialogare" su più canali, su mondi diversi e paralleli.

Ne consegue infatti spesso che parlare di segmenti omogenei presupponga che la scelta del prodotto o servizio sia sostanzialmente una scelta di massa. Ovvero che tutte le Persone di quel segmento reagiscano in maniera uguale.

Riflessione ... **le Persone non sono "massa" parliamo piuttosto di aggregazioni di individui con** relazioni e reazioni diverse anche certamente "influenzabili" in gruppo. Ecco perché oggi emerge fortemente la necessità di un "imparare" a differenziare le proposte pensandole con maggiori specificità, unicità ed in grado quindi di emergere.

#Cluster

Oggi utilizziamo spesso il concetto di **Cluster** dove **i "segmenti" superano la loro rigidità.** Cosa significa questo?

Significa che non possiamo pensare a delle Persone come dei segmenti freddi e non parlanti. In esso si raccolgono le "Persone di Riferimento" dei nostri progetti: non sono solo statistiche e numeri dove età o location geografica fanno la differenza. **Qui troviamo anche le emozioni, le passioni.** Ecco che l'amare un prodotto, un servizio o una località deriva da una passione, da un qualche cosa che avvolge da un punto di vista qualitativo e non solo quantitativo.

Il termine Cluster deriva dall'inglese e significa gruppo. Nel Marketing di oggi se ne parla pensandolo come ad un gruppo di Persone o di altri soggetti (ad esempio imprese) che hanno delle caratteristiche in comune.

Pensiamo ad esempio ai "siti internet del mondo travel". All'interno di ognuno avremo Persone che, in termini globali, hanno un orientamento simile verso il mondo dei viaggi. Nel contempo, all'interno del medesimo le Persone non sono uguali. In tal senso, nel Marketing attuale, si prendono così in considerazione questi fattori: le emozionalità che li accomunano, i loro gusti e passioni.

E' d'obbligo individuare, capire ed ascoltare sempre nel profondo le Persone. Per fare questo si procede nello stilarne l'identikit nasce così il metodo "Personas".

#Personas

Nei Cluster dunque è necessario focalizzare chi sono le Persone, identificarle, inquadrarle capirne passioni, abitudini, emozioni. Disegnandone quasi capelli, occhi, viso …tutti i dettagli come un identikit.

Questo significa **profilare**: su questo aspetto le nuove tecnologie e metodi ci aiutano a trovare le soluzioni più adatte. Nasce così il concetto di Personas.

Per Personas intendiamo il creare una sorta di identikit del cliente ideale in maniera fittizia pensandone un nome ed un profilo con tutti i suoi dettagli.

Tutto questo per l'Azienda è fondamentale perché potrà di volta in volta interrogare su ogni perplessità nello sviluppo del prodotto e servizio cercando di rispondere nel migliore dei modi alla "Persona di Riferimento" fittizia che avrà costruito.

#DialogoArmonico e #Tribù

Osservando intensamente i Clusters abbiamo visto che ci sono sempre le Persone. Le Persone, focus di attenzione di ogni nostro pensiero per lo sviluppo del Marketing.

Qual' è la nuova sfida? **La sfida è trovare e stimolare una Armonia di Dialogo** al fine di incentivare un crescendo di aggregazioni di Persone così passionali, unite che pur avendo identikit e profili diversi siano coinvolte da uno slancio comune.

Le tribù sono delle nicchie di Persone appassionate, legate tra loro da valori profondi che vanno al di là del semplice uso di un prodotto o servizio. L'amare ed essere parte integrante del gruppo diventa una filosofia di vita. È quindi necessario proporsi alle Persone, dialogare con loro e farsi apprezzare da gruppi di seguaci appassionati, delle vere tribù.

#TribùArmoniche

Penso così alla creazione di **Tribù Armoniche. Tribù legate da un lucchetto di amore profondo: quelle che per il brand è prioritario inseguire, coccolare. Il tutto in una ricerca e definizione continua del WOW che le unisce.**

I valori che li associano sono tanti, tantissimi. Il valore di essere insieme li lega, quello simbolico li firma, il culturale scava nel loro sentiment più profondo. Il valore d'uso di quel prodotto o servizio è forse solo l'ultima delle loro attenzioni perché tante sono le informazioni di cui sono bombardati ….serve quindi quel qualcosa di più armonico che li lega dentro in tutti i suoi aspetti.

#Valore

Nel mondo del Marketing, del Dialogo, dello scambio, il concetto di valore è sempre stato importante. Abbiamo visto l'enorme sviluppo che stiamo vivendo ed è in questa salita che dobbiamo imparare a crescere.

La parola, nella sua forma più basica, si riferisce a "quello che l'altro (ad esempio il cliente) è disposto a darci in cambio del nostro prodotto o servizio". Oggi questo concetto necessita di essere arricchito con altri valori per avere maggior peso e rilevanza. **Non si tratta infatti di un semplice "valore d'uso".**

Riconosciamo almeno quattro tipologie di valore: valore d'uso, valore simbolico, valore di legame, valore culturale, valore spirituale. Il Marketing di oggi necessita di coniugare il maggior numero di queste componenti. Valori autentici, genuini, puri.

#Influencers

Tra le Persone in generale e negli stessi gruppi tribali esistono delle figure particolarmente interessanti per il Marketing attuale: i cosiddetti **Influencers.**

Sono quelle Persone che, per una serie di caratteristiche che le contraddistinguono, sono in grado di influenzare positivamente o negativamente altre Persone. Il loro enorme peso ha dato vita al cosiddetto **Influencer Marketing.** Oggi è ormai essenziale saper individuare i propri Influencers positivi e negativi instaurando dialoghi opportuni.

#Consumer

E' la definizione più classica e tradizionale volta ad individuare il rapporto tra le Persone ed il prodotto/servizio nel Mercato.

Tendenzialmente ci si approccia a questo termine "leggendolo in maniera passiva". Le Persone sono considerate **soggetti che subiscono i vari processi di promozione nel Mercato.**

#Prosumer

I nuovi trend del Marketing spingono a ragionare sul **Consumatore pensante. La Persona di oggi, appassionata, informata pensante che parla e dice la sua: questo è il Prosumer.**

Il Consumatore che di giorno in giorno, con frequenza crescente, esprime ad alta voce la sua opinione, influenza la cerchia degli amici, e non solo, fino a spingersi a diventare parte viva del prodotto. Al punto di esserne co-creatore e sviluppatore.

La percezione in purezza dei valori, il loro essere autentici è un altro punto focale a cui fare attenzione. Il Prosumer è attento, non si fa incantare e si accorge che il messaggio potrebbe essere farcito, falsato da argomentazioni non genuine.

#Target

Abbiamo visto che le Persone sono "pensanti", "dialoganti" e aperte al mondo. Nell' impostazione tradizionale si associa il segmento di Mercato a quello che poi diviene Target.

Consideriamo target **l'insieme di Interlocutori "scelti" sulla base delle strategie e su cui saranno orientate tutte le azioni di Marketing che si intendono mettere in atto.**

La stessa parola Target suona "forte" e stimola all'azione, al "colpire", **"colpire il Target obiettivo".** Questo termine perlopiù viene tradizionalmente scelto basandosi su elementi quantitativi (segmenti).

Ma possiamo oggi pensare, in maniera semplicistica, a dei segmenti da colpire come se non fossero teste pensanti e dialoganti?

Attraverso il Marketing Movie ciascuno potrà saper rispondere a se stesso e chiedersi se le Persone del proprio mondo possono o meno essere paragonabili a degli oggetti senza vita … se lo sono… come possono essere parte viva di un film?

Tutti "a livello concettuale" condividono che il nome "Target" non sia proprio appropriato. Certo è che la strategia dovrà riuscire ad incontrare le Persone capirle e farsi capire. Ma "colpire" no! Meglio "dialogare".

#Armonici

Adesso vi è più chiaro quello che vi ho anticipato? Ha ancora senso secondo voi parlare di Target? Penso che sia l'armonia, lo scatto, la scintilla, quello che unisce le Persone che si incontrano sul Mercato.

Riflettiamo un attimo… io mi propongo al mondo, al Mercato ed il Prosumer mi segue. **Se mi segue, se diventa fan o follower, significa che sono riuscito a creare una scintilla, a creare il WOW. Il WOW è armonia, è felicità, desiderio di raccontare il prodotto** e di essere portavoce e testimonial positivo. Eccoli sono loro, io li chiamo **Armonici.**

Gli Armonici sono i Target pensanti di oggi. Meglio ancora gli "Interlocutori di Riferimento" con cui desidero ed intendo per proseguire la conversazione: le Persone con cui ho iniziato il Dialogo attivo. Non a caso anche il mondo social parla di fan, di follower: qui c'è passione, c'è conversazione.

Le Persone di oggi sono sottoposte a molteplici esperienze, possono avere diverse passioni! Non sono "Target" definiti per genere, età, classe sociali, pulsano di vita.

Quello che è certo è che emergono come i principali testimonial e portavoce. **Il loro raccontare con passione e con la voglia di condividere è energia pura**, le conversazioni vanno alimentate e arricchite di nuovi ingredienti, provati e mixati insieme.

Il Marketing si prepara così a sempre maggiori sfide. La ricerca e la produzione di beni, servizi a tal punto interessanti che si sappiano far ascoltare divenendo oggetto di conversazione, argomento di Dialogo. Che possano essere trainanti per la nascita di nuove tribù legate al brand che si sta creando, al prodotto che si sta lanciando.

In questo scenario l'Ascolto ed il Dialogo divengono essenziali in quanto l'atteggiamento non è più passivo ma attivo anzi super attivo.

Si diffonde inoltre la crescente voglia di protagonismo al punto da voler quasi essere co – creatori di quel prodotto, servizio. Nasce così il Dialogo Armonico.

Il Web: ingrediente buono o cattivo?

E il mondo del web dove lo mettiamo in tutto questo? Per arrivare all'armonia, confrontandomi nel mondo di chi si avvicina a questo approccio, quello che mi sorge spontaneo è tradurre in una domanda le riflessioni di molti **"Web: diavolo o angelo"?**

Dai non scherziamo…ecco perché dobbiamo parlarci. Non stiamo a vedere tutta la storia del come è nato internet. Certamente molto interessante ma, a fini pratici, credo vi possa essere utile questo breve schema di sintesi che ho ricostruito. Non credo di offendere nessuno che, certamente più di me, conosce il web in tutte le sue infinite sfumature, proponendo una fotografia della sua evoluzione. Guardandola in modo semplice, non da super tecnico, bensì dal lato dell'operatore, dell'utente finale.

Da questa riflessione quello che affiora è la volontà di cambiare atteggiamento verso internet, questo nuovo "mostro diabolico". Uno strumento pieno di incognite e di sorprese: allettante, sorprendente e anche buono come un angelo dove possono nascere idee nuove, incontri e far fiorire e crescere attività. Certo bisogna accostarsi nel modo giusto.

Nello schemino vedete una sintetica evoluzione dei concetti. Pensiamo all'entrata di internet nelle nostre case, nelle nostre Aziende. Forse alcuni di voi sono così giovani che nemmeno ne hanno memoria ma una semplice "foto ricordo", di questa discesa in campo, credo possa essere utile a tutti.

Ecco il web 1.0. che meraviglia! Uno strumento veloce che permette di inviare scritti e comunicazioni senza il vecchio fax. Fantastico! E poi ancora una fonte di lettura, di raccolta di informazioni. I siti internet? Parola nuova ma altrettanto accattivante. Potersi mettere in vetrina, farsi conoscere attraverso questo potente mezzo. I siti, in questa fase, sono statici. **Benvenuto internet!**

E pensando a noi, alle Persone? In questa fase siamo semplici "soggetti passivi" a cui le Aziende trasmettono informazioni desiderose di "colpire l'attenzione" con questo nuovo strumento. Uno strumento" per recepire e trasmettere informazioni in modo statico.

Passano gli anni, non molti in realtà, e cominciamo a parlare del **web 2.0.** Ancora oggi molte Persone vivono in larga parte in questa fase. **I siti si evolvono in dinamici ed i singoli individui hanno voglia di collaborare, dialogare, fare... ecco la nascita dei social.**

Il web non è più solo uno strumento di ricerca e di comunicazione statica ma diviene collaborazione. L'utente è attivo, dice quello che pensa, scrive, chatta. Pensiamo a Blog, forum, chat e poi ancora Facebook, Twitter, Instantgram, Pinterest, Linkedin, YouTube e tutti i vari social che crescono ogni giorno dove "le Persone sono al centro" con spirito collaborativo.

E poi l'oggi, per chi è già entrato in questa fase, ecco il grande salto nel **web 3.0.** Sono qui con voi per questo, siamo infatti **"nel Dialogo". Si desidera intervenire, esprimere la propria opinione ed essere partecipi.**

La maniacale voglia di protagonismo dei social, dei selfie che trascinano per poi inseguire il riuscire ad "andare oltre". Il desiderio di diventare protagonisti attivi, co-creatori.

Ecco così l'uso più o meno intelligente di **hashtag,** il voler parlare per argomenti specifici, il veicolare su conversazioni, commenti ed emergere in questa direzione.

Il rapporto si allarga non è più monodirezionale da Azienda a Consumatore ma collettivo dove le Persone parlano con le Persone, le Persone parlano con il brand in una condivisione collettiva.

Si parla infatti della importanza dei "contenuti generati dagli utenti", **"User Generated Content"** e di come questi vanno ascoltati, incentivati.

In parallelo, e su questo le nuove frontiere del Marketing stanno perlappunto lavorando, le tecnologie hanno la capacità di "leggere" e "profilare" le Persone. Si è in grado di capire, sulla base diversi meccanismi quali sono i "profili tipo delle Persone" potendo così impostare adeguate strategie di contenuto. Pensate a famosi portali di vendita, come Amazon, loro sanno rispondere in maniera efficace alle vostre ricerche anticipando ciò a cui state pensando. Con delle proposte su misura per voi. Nulla nasce per caso! Si crea così il legame tra Persone e contenuti.

Questa evoluzione, che è in crescita, trova ulteriore risposta da parte delle tecnologie. Talvolta si parla infatti anche di **web 4.0 dove il mondo on line ed off line va intrecciandosi ad un grado superiore.**

Un coinvolgimento fortissimo che porta alla collaborazione tra le Persone, al Dialogo al fine da mettere in totale condivisione risorse ed esperienze.

#RealTime

Oggi è tutto veloce ed il Marketing deve adeguarsi. Tutto succede in tempo reale pensiamo alle stesse notizie come viaggiano on line, come le Persone parlano e commentano velocemente.

Pensate che il Marketing possa permettersi di trascurare questa velocità? Pensate che possa starsene a ragionare da solo a tavolino? No, impossibile.

Per questo vedremo insieme come il mondo che cambia pressa fortemente e ci spinge a trovare il giusto equilibrio. Muovendoci in parallelo, cavalcando il grande cambiamento. Affrontando i Mercati, i dialoghi con le Persone in tempo reale.

Questo è il nuovo mondo, il pianeta di internet, del Real Time dove tutti possono sapere e parlare di tutto in tempo reale. I "segmenti" potenzialmente si mescolano, si confondono. Deve cambiare anche la strategia, l'approccio al Mercato, l'ottica di progettazione. In questo oggi è necessario sapersi muovere.

Agire in ottica di Real Time significa saper affrontare il cambiamento in maniera veloce, saper reagire, proporre innovazione e contenuti adatti in tempo reale.

#Esperienzialità

Le persone di oggi sono sempre più attente e, spesso, hanno una grande voglia di **protagonismo.**

Hanno voglia di farsi fotografare, di farsi un selfie con il "loro prodotto, servizio preferito", con cui si sentono in perfetta armonia.

Per ciascuno quel momento è soprattutto suo, solo suo! Ed è questo ancora una volta che va inseguito, alimentato di nuova energia. La crescita del WOW, di quel mio che sentono dentro. La Persona che, in grande armonia, vive **il suo prodotto.** Insieme alla tribù di cui è parte attiva condividendone i valori ma con la voglia della sua individualità di appartenenza al gruppo come Persona.

La voglia di esperimentare, di vivere le emozioni che quel prodotto e servizio mi sanno trasmettere, di viverla magari in prima persona al punto di essere partecipe nella sua produzione fino a divenire inventori di nuovi sviluppi.

Queste dunque le **sfide del Marketing Movie. La capacità di creare dei prodotti e dei servizi dialoganti in grado di trasmettere ai pubblici la genuinità e l'emozione di chi li crea ogni giorno: emozione da voler condividere e co – creare insieme.**

#LearningbyDoing

Learning by Doing: imparare esperimentando. Sono fermamente convinta di questo soprattutto per le piccole realtà, che non avendo la possibilità di appoggiarsi a consulenti, raccolgono ogni giorno nuove esperienze e momenti di confronto con il Mercato. Tutto questo diviene fonte inesauribile di conoscenza ed arricchimento.

Imparare facendo, imparare lavorando, imparare esperimentando. Il Learning by Doing è il must del mondo di oggi dove non ci si può mai fermare.

#Hashatag

Il cancelletto simboleggiato da #. Quante volte mi è stato chiesto: "Cos' è?". Anche se devo dire che adesso il suo uso è assai frequente e, quindi, spesso non vi sono grandi difficoltà nel farlo capire.

L' Hashtag è un modo semplice per unire le conversazioni delle Persone su un unico argomento in modo tale da essere facilmente tracciate. Nato con il mondo di Twitter è ormai di uso comune.

Personalmente, come vi ho anticipato, trovo particolarmente interessante l'uso del cancelletto. Quello che mi piace... è la possibilità di condividere in gruppo, lo **#share** globale che può emergere su un argomento, il come si possano incrociare le voci di diverse Persone. Ci sono poi dei "mi dispiace" che sono anche frutto e risultato di quanto ho avuto modo di verificare nel corso di alcune mie esperienze sul campo.

- Mi dispiace ….l'uso ed abuso del cancelletto su più fronti mettendo magari troppi Hashtag solo per metterli.

- Mi dispiace ....che molti non lo leggono ancora come spirito di conversare in gruppo al fine di costruire poi qualchecosa di utile per tutti ma come un essere ancora legati a logiche autoreferenziali.

- Mi dispiace…che molti non abbiano ancora ragionato nel significato profondo di questo "cancelletto" che, come abbiamo visto, nella sua semplicità d'uso ha una forza enorme se ben calibrato ed utilizzato.

#OpenYourMind

Aprire la testa significa arricchirsi in continuazione, osservare scrupolosamente tutto quello che ci circonda e, soprattutto, essere sempre curiosi. La curiosità alimenta l'apertura della testa, l'apertura al mondo, al Dialogo senza confini.

Mi piace pensare che chi come me ama il Marketing abbia voglia di nuovi stimoli, di risposte guardandosi in giro senza smettere mai di pensare, con la voglia di gustare primizie di nuovi saperi, colmando lacune e cercando in continuazione risposte…senza mai fermarsi! Spesso manca il tempo ma basterebbe ritagliarsi un attimo delle proprie giornate per se stessi e per nuove scoperte. Pure questo è fare Marketing.

Ci sono certamente anche formule matematiche, statistiche, dati ma **per far partire il Movie ci vuole innanzitutto solarità e voglia di novità.**

Con questi ingredienti possiamo iniziare ad avere una prima idea globale della ricetta filmata ed essere così pronti per attivarsi con il Marketing Movie.

Il Dialogo che diventa esso stesso passione dove le Persone non sono "semplici Target" bensì "gli

Armonici" con i quali è scattata la sintonia. Qui le tribù stringono un vero patto d'amore rendendo il Movie oggetto delle loro conversazioni. Una sinfonia di passioni, di desideri ...ecco quindi "il Movie", proprio quello che stavano pensando e che non erano ancora riusciti a trovare.

E allora avanti con il Dialogo Armonico... siete pronti per costruire il vostro Movie?

.

Steps e Strategia

Eccoci allora, ed adesso iniziamo. Gli ingredienti Armonici li conosciamo e possiamo sviluppare i primi passi per creare il film. Dove siamo? Cosa facciamo? Cosa vogliamo fare? Vi propongo da subito una schematizzazione super sintetica dello sviluppo di una strategia Aziendale ovvero **...quali sono gli steps da cui partire per inquadrare una Movie Strategy?**

#MarketingMovie e #Strategia

Nell'attuare lo sviluppo di una strategia teniamo presenti tre elementi chiave: le Persone che sono al centro di ogni azione, il Real Time e le nuove tecnologie. E come agisce il Marketing Movie in tutto questo? Con velocità e rapidità di azione sviluppando Dialogo, cogliendone pienamente le diverse sfumature. Dall'Ascolto alla capacità di risposta creando una sorta di film, un Movie particolare e non banale dettato da strategia e capacità di improvvisazione.

Il risultato? Un lavoro variegato e stimolante in tutti i suoi aspetti: dall'idea base al suo studio, fino alla creazione che porta alla proiezione finale nelle nuove sale cinematografiche, che sono ormai internet in ogni suo aspetto più o meno social. **Immaginate per un attimo il vostro film con la capacità di divenire l'elemento aggregante di conversazioni on line ed off line. Passaparola vitale, virale per il successo del Movie. Un Movie vincente perché avrà saputo bilanciare tutti gli ingredienti per far salire in classifica il vostro prodotto, servizio.**

In questo conversare vi propongo dunque di abbracciare il film. Non esiste una ricetta standard per tutti, come non tutti i film sono uguali ... sarete poi voi a dare del vostro. Quel pizzico segreto, quel gusto dolce o salato che renderà il vostro prodotto o servizio esclusivo. Da parte mia… dei piccoli accorgimenti, delle riflessioni, un metodo di lavoro che potrete utilizzare ed integrare passo passo.

Per avviare questo sostanziale cambio di mentalità, che diventa necessario per stare al passo con i tempi, considerate da subito che l'essere on line non significa solo avere un sito o essere presenti sui social pensandoli come "strumenti". **Oggi il Marketing deve "immergersi, vivere con profondità ed intensità tutti i Media", i due mondi si intrecciano e si fondono.** Pensiamo all'advertising tradizionale, al quando la televisione è entrata nelle case con le pubblicità superando l'impatto radio, al come gli spot entravano ed entrano "interrompendo" la visione di un programma. **Adesso tutto questo è più fluido, internet è dentro la vita di ciascuno ed accompagna ogni battito di ciglia del quotidiano. Siamo davanti alla tv con un I Pad, passeggiamo, corriamo nelle strade con i nostri cellulari … non c'è interruzione, c'è vita. Su questo è opportuno lavorare per rendere un prodotto e servizio inconfondibile: elaborando comunicazioni in grado di emergere dal "bombardamento globale" di proposte del mondo odierno.**

E' necessario incentivare, creare, stimolare il Dialogo Armonico tra le Persone. Parlare con loro nelle "piazze", seguire quello che sono disposte ad ascoltare …cogliere l'attimo. Per fare questo le strategie tradizionali si trasformano in un Movie rapido, veloce, travolgente e mutante che fa scattare il WOW, l'armonia con l'interlocutore. Tutto ciò è l'atteggiamento di premessa per un corretto avvio della Movie Strategy. La strategia da innescare tiene infatti conto degli steps del Marketing Tradizionale (Analisi, Pianificazione, Attuazione, Verifica e Controllo) integrandoli ed arricchendoli dell'impronta umana, della forza del "Dialogo di oggi".

In ottica tradizionale avere una strategia e metterla in atto indica capire cosa siamo oggi e cosa vogliamo essere in futuro. Oggi questo stesso assunto necessita di cambiamenti perché, come dicevamo, non tutto è prevedibile e pianificabile. **La Movie Strategy rivela il capire la nostra idea, analizzarla e renderla operativa affinché sia comprensibile, dialogante. Attivare così un Movie sempre pronto e scattante in Real Time. Il tutto sapendo migliorare velocemente scenari, personaggi e argomenti non più interessanti.**

"Questo cosa significa?" - direte voi - "Parliamo di un film o parliamo di Marketing"? Quando mi accingo a spiegare questo approccio rivolgendomi altresì a neofiti della materia dico sempre: "Ottimo, ora lasciate fuori da questa nostra conversazione i vostri problemi, il vostro quotidiano e cominciate a sognare, a immaginare il vostro film, a tornare bambini, a pensare in positivo". Questo è il primo step per dare avvio alla vostra strategia. Marketing e film sono estremamente connessi….mi piace pensarlo così! Un Movie positivo e ricco di connections!

Questi concetti desiderano essere solo la prima impronta sul cammino di questa nuova avventura insieme. Parleremo infatti soprattutto della fase di Analisi fornendo nel contempo degli input di riflessione per pianificare meglio e mettere in atto il Movie. Per esperienza mi sono resa conto che non è produttivo "mescolare troppo" quando si trasmettono ragionamenti nuovi.

Cominceremo a muovere i primi passi per esplorare e analizzare profondamente. Eccovi una prima domanda a cui impareremo a dare risposta. **Qual' è il quadro di**

riferimento attuale e potenziale della scena del vostro film?" Pensate a quanto è rilevante decidere il dove di un film, "dove girare": comprendere e scegliere al meglio comparse ed attori. Il vostro Marketing Movie deve proprio partire da qui, da questa domanda: ecco il primo step della strategia. Troveremo risposta attraverso una serie di considerazioni metodologiche per avviare, in crescendo, una Analisi profonda attraverso lo sviluppo di O.Y.M. Progredendo così, passo dopo passo, con una visione d'insieme del Consumatore di oggi e di come il Marketing si approccia diversamente.

Vi trasmetterò alcuni input "globali" d'insieme per essere pronti a capire il poi. Il "poi" che avviene dopo la fase di Analisi... per ogni cosa ci vuole il suo momento. Il tutto va infatti digerito, collaudato ed esperimentato nelle vostre realtà per permettervi di riordinare le idee. Non si tratta di fornire nozioni ma proposte di applicazione pratica e, per questo, vi voglio dare il tempo di farlo. Esperimentando ed applicando certamente tutto sarà più semplice da comprendere. Chiudete gli occhi e immaginate con me. Sarà come immergersi in una video ricetta animata dove gli ingredienti si mescolano, si uniscono...così anche nel Movie le Persone entrano in connessione e creano insieme. Questo sarà quello che farò con voi e che, se lo vorrete, imparerete a fare con i vostri Interlocutori.

Pronti per aprire "la connection"? Splendido ..allora... cominciamo subito.

"Passi" basic della Strategia

Abbiamo già assaggiato alcuni ingredienti con cui iniziare il ragionamento comprendendo altresì che il futuro, anche il più vicino, non può certo allontanarsi dal web. Questo significa che, quando affrontiamo la strategia nelle sue fasi (Analisi, Pianificazione, Attuazione e costantemente, Verifica e Controllo dei risultati) non possiamo più prescindere da internet. Il tutto tenendo presente il budget a disposizione, restando sempre con gli occhi aperti, pronti per muoversi in Real Time. E' dunque necessario concentrarsi e non perdere di vista il concept base: **le Persone chiacchierano e si muovono nelle "piazze globali": quelle a portata di click!**

Lo sviluppare passo passo ogni area della strategia è fondamentale. Molto spesso mi sono resa conto che la mancanza di tempo unita al rincorrere il quotidiano porta a saltare subito alla "Attuazione". Quante volte all'interno di corsi, seminari e con l'approccio con i clienti mi è stato detto …. "noi vogliamo sapere cosa dobbiamo fare per promuoverci….", "…che mezzo dobbiamo utilizzare…". E io rispondevo " …calma …prima ci vuole l'Analisi e la Pianificazione…siamo qui per questo". Le titubanze iniziali sono così andate sparendo lasciando posto all'entusiasmo, alla voglia dirompente di imparare a creare il proprio film!

Nei tempi di oggi le verifiche, le modifiche e gli aggiustamenti sono infatti sempre necessari. In questo senso il Marketing Movie spinge all' implementazione del film ed al suo avvio partendo in primo luogo dall' Analisi Tradizionale, che si avvale perlopiù di strumenti previsionali. Il metodo che vi propongo sollecita da subito all'apertura mentale accompagnandovi così all'Analisi Contemporanea dove il Real Time ed il web occupano un enorme spazio di manovra.

L' Analisi è importante. E' infatti necessario essere "elastici", avere nel contempo un quadro d'insieme "prevedibile" per poter "aggiustare il tiro". "E allora" - direte voi -"riusciamo in questo primo approccio ad avere un quadro d'insieme della Movie Strategy?". "Riusciamo a capire dove siamo, cosa dobbiamo fare per arrivare ai nostri obiettivi?" Giusta osservazione: è sempre importante capire in quale step siamo e quanto dobbiamo conoscere e fare per arrivare al risultato finale.

Per rispondervi vi illustro subito qualche nota basic dei "passi". Nell'immagine trovate una fotografia d'insieme della strategia. A colpo d'occhio vedete come ci stiamo muovendo: da dove partiamo e dove possiamo arrivare.

#Analisi - passo 1-

Prima di partire con la strategia è importante rispondere alla domanda: "Perché". Qual' è il vostro "Perché?". Nel rispondere è necessario parlare di Vision. "Qual' è la vostra Vision?". Senza una Vision chiara non è possibile partire con il "piede giusto" ed è con essa che si detta l'avvio della strategia.

#Vision

La Vision è la proiezione del futuro dell'Azienda (o dei progetti), la direzione globale. Per inquadrarla in maniera semplice ed immediata propongo sempre di procedere ad una piccola riflessione in brainstorming.

L'operare arricchito da osservazioni compartecipate aiuta infatti ad avventurarsi nel pensiero mettendo così in luce l'idea in forma aggregata e condivisa.

Che domande ci poniamo? Vi propongo due semplicissimi interrogativi base a cui potranno seguire considerazioni del gruppo. La risposta ai quesiti vi accompagna nell'inquadrare la Vision. Si può così procedere alla fase di Analisi e, quindi, capire meglio il proprio scenario.

- "Pensateci un attimo... "Quali sono gli aggettivi, le parole chiave in grado di identificare i valori che desiderate trasmettere e comunicare all'interno e all'esterno della vostra attività?"

- "Come vi descrivereste, come vi immaginate nel vostro futuro?"

#Scenario

Conoscere il proprio mondo. L'Analisi comincia da qui. Le domande chiave da porsi sono "Chi" e "Dove". "Chi siamo noi?". E meglio ancora "Quali sono le argomentazioni del momento che potrebbero interessarci?". "Perché tutto questo potrebbe essere importante?". Diciamo che, in questa fase, dobbiamo farci tante, tantissime domande su più fronti. Dobbiamo scavare nel profondo, riunirci, condividere i nostri dubbi, perplessità e scambiarci informazioni.

Per fare tutto questo è necessario capire cosa significa "Analisi". **L'Analisi esprime il conoscere il proprio set, il mondo di appartenenza o ricostruirlo con ragionamento e pazienza individuandone tutti gli elementi. In altri termini fotografare lo scenario.** L'Analisi è uno step fondamentale dello sviluppo di una strategia e si distingue in esterna ed interna. Non mi soffermerò sulla Analisi Interna, ovvero quella relativa alle problematiche organizzative, del personale e dei benefici che possono derivare da un migliore rapporto con le Persone che vi appartengono. La mia attenzione si concentrerà sull'Analisi Esterna, fornendo ulteriori ingredienti e idee globali sul come attivare al meglio questo primo step della strategia Aziendale. Le mie esperienze sul campo, unite agli studi fatti sull'argomento, si sono tradotte nella schematizzazione per punti dell'Analisi di Scenario Esterna sia Tradizionale che Contemporanea che vi sto per proporre. L'obiettivo è fornirvi un metodo di lavoro semplice che potrà essere utilizzato da tutti voi. Seguendolo e rileggendolo con pazienza sono certa che ne vedrete i risultati applicandolo alla vostra realtà.

Quando parliamo di Analisi ci riferiamo dunque allo scenario. Sì perché prima di costruire il vostro Marketing Movie è necessario partire con lo scenario: dove siete oggi, dove potreste muovervi, con quali Persone interagite oggi e con quali potreste "dialogare in futuro". Ritengo che in questo momento storico che stiamo vivendo si possano distinguere due approcci diversi di Analisi di Scenario. Un primo approccio più classico ancorato a studi, statistiche e misurazioni ed uno più Contemporaneo che, pur prevedendo tutti gli strumenti della Analisi Tradizionale, deve saper assumere un atteggiamento O.Y.M. in ogni momento. Quest'ultimo risulta fortemente correlato all' utilizzo delle nuove tecnologie dalle quali, come abbiamo visto, non è più possibile prescindere.

Scenario Contemporaneo, Real Time e momenti decisionali

Cosa vuol dire? Significa che, come abbiamo visto, l'apertura al mondo, alle nuove tecnologie e al muoversi con estrema velocità, detta il tempo al secondo con per l'appunto la necessità di saper modificare all'istante le proprie strategie. Il tutto tenendo sempre presente che al centro dell' attenzione vi sono "le Persone", con i loro spostamenti e momenti di vita, spingendoci a coltivare conversazioni pulsanti e ricche di contenuti.

La scelta di un brand, di un servizio oggi è frequentemente soggetta alle tecnologie. Pensiamo all'uso che viene fatto del mobile, al fatto stesso che per quasi ogni cosa digitiamo nel web cercando una risposta. Se sono curioso su un argomento... se devo acquistare ... se voglio parlare con amici... se voglio imparare qualchecosa. Per tutti questi momenti, che **Google** stesso definisce **Micro Moments**, la risposta è perlopiù on line.

Ragioniamo un attimo su questi Moments. Google distingue quattro diverse tipologie di momenti che spingono le Persone ad utilizzare internet dove l'uso del cellulare è dominante.

1. **I-Want-to-Know Moments.** Quando le Persone cercano informazioni o desiderano soddisfare le loro curiosità. L' utente qui è in una fase esplorativa. Questo può succedere in qualunque momento della giornata e la ricerca stessa può essere innescata da qualsiasi evento.

2. **I-Want-to-Go Moments.** Quando le Persone cercano un negozio, un'attività, un luogo.

3. **I-Want-to-Buy Moments.** Quando le Persone si approcciano ad acquistare qualche cosa.

4. **I-Want-to-Do Moments.** Quando le Persone desiderano imparare qualche cosa, vogliono sapere come mettere in pratica delle attività.

Seguire i "movimenti delle Persone nelle loro decisioni di acquisto" è difficoltoso. Le decisioni si sviluppano e prendono corpo on line: ascoltando, leggendo, confrontandosi. Questo operare è pressoché di uso comune nelle nuove generazioni.

Rifletteci un attimo e visionate con me i quattro momenti segnalati da Google pensando al vostro prodotto e servizio: potranno certamente emergere delle nuove idee.

Partiamo dal primo momento **"I-Want-to-Know Moments"**. "La Persona cerca risposte in grado di soddisfare le proprie curiosità?". In termini di brand, servizio che offrite pensate a quali curiosità potrebbe avere sull'argomento che proponete o su altri concetti direttamente connessi ad esso.

"I - Want- to - Go Moments". Ragioniamo insieme. Se, ad esempio, offrite un prodotto o servizio e siete collocati in una località turistica rinomata, cliccata on line… "Come potreste collegarvi con delle proposte in grado di farvi rintracciare quando stanno cercandola?".

"I-Want-to-Buy Moments". Siete vicinissimi…. momento importantissimo! "Dove stanno decidendo di acquistare?"-"Dove, on line, possono rintracciarvi al di là del vostro canale?"-"Come possono arrivare a voi?"-"Come potete aiutarli a scegliere proprio voi?".

"I-Want-to-Do Moments". Vogliono imparare, vogliono conoscere. La capacità di saper cogliere quell'attimo del loro viaggio verso l'acquisto potrebbe essere determinante nelle scelte finali. Perché allora non ragionare meglio …Che cosa potrebbero voler imparare? Pensate a quello che offrite …nel loro prima, nel loro poi, nelle svariate tematiche collegate al vostro prodotto/servizio. Cosa potreste insegnare loro per far parlare "indirettamente" di voi?

In sintesi dunque possono emergere dei suggerimenti globali determinanti per il vostro successo. E' necessario tracciare alcuni punti nel vostro operare.

- Costruite una sorta di mappa dove potrete segnarvi i "momenti" in cui i vostri Interlocutori vi potrebbero rintracciare. Quando cercano ispirazioni, idee, soddisfazioni alle loro curiosità o altro come nell'esempio della località turistica.

- Semplificate e ravvivate il "viaggio" verso di voi rendendolo attraente, simpatico. Quando sarete riusciti ad entrare in sintonia con lui dovrete infatti essere capaci di camminare fianco a fianco, accompagnandolo al prodotto. Scoperta dopo scoperta si arriverà così al traguardo attraverso un tracciato ricco di contenuti ed applicazioni adeguate.

- Ogni passo dovrà essere mappato secondo una strategia a monte. In questo modo potrete analizzare meglio e correggere eventuali errori nelle tappe di viaggio e non perdere così il vostro "Armonico".

I Millennials, che sono nati con le tecnologie, quasi non conoscono un "diverso viaggio per l'acquisto". Il loro mondo è sempre stato questo, quello dove internet è dominante. Gli schemi di confronto tradizionali che portano a pensare allo scaffale, all'entrata in un negozio o ad un colloquio verbale per conoscere un prodotto o servizio stanno sparendo.

E cosa dimostra tutto questo per il Marketing Movie? Questo breve excursus nel mondo digitale e di come il pensiero viaggia on line fa ovviamente meditare tutti noi e, quindi, sulla realizzazione del Movie. Molte ricerche dimostrano che il marketer di oggi deve assolutamente porre attenzione al "momento della scelta" del Consumatore .... Pensate a quello che proponete, all'idea di prodotto o servizio che avete in testa… dove, come, perché vi dovrebbero scegliere.

Tutti questi cambiamenti, il nuovo modo di approcciarsi ad internet, lo sfrenato uso del mobile, spingono quindi ad un radicale cambio di mentalità delle Aziende o di chi comunque decide di offrire un prodotto o un servizio. **Non è più sufficiente essere semplicemente nella "rete" bensì anche saper analizzare i comportamenti delle Persone, i loro "passi", capire cosa cercano in un settore, cosa si aspettano di trovare e come si può essere utili per loro.**

La scelta partirà infatti da internet ed è su quella "piazza" che è doveroso lavorare per essere "anticipatori di Dialogo". Google parla del cosiddetto **Z.M.O.T. "Zero Moment of Trouth".** Parliamo del momento della verità zero" dove, semplificando, il "nuovo Consumatore", attento e pronto ad informarsi, ascolta, cerca opinioni e commenti, valuta e solo poi decide di acquistare. "La scelta avviene nel "prima", "non davanti allo scaffale". Ecco perché è importante saper impostare una corretta Analisi, una strategia che sappia capire dove dialogare con i Prosumer, cogliere velocemente il cosa cercano e, insieme a loro, migliorare quello che si sta offrendo o su cui si sta pensando.

In tutto questo è ancora una volta utile saper operare in ottica di Real Time, stando così al passo del diffondersi delle opinioni, dei commenti. Per questo l'Analisi Contemporanea non può limitarsi al "prevedere", calcolare, misurare. Dovrà invece saper **"anticipare", intuire trend, tenere gli occhi aperti e parlare nelle "piazze" giuste.** Il vecchio passa parola, che da sempre ha lasciato il suo segno nella comunicazione, oggi è sempre più nella rete e va guidato in positivo. **Rompere il muro virtuale, entrarci, creare un Movie in grado di farsi**

notare e di cui la gente abbia voglia di parlare. Questa è la grande sfida! Oggi il Word of Mouth è on line. Le Persone ascoltano altre Persone, parlano ….e poi decidono. I nuovi orizzonti della comunicazione danno sempre maggior spazio alle opinioni, l'advertising classico si unisce all'uso di mezzi personali sui quali è possibile avere un maggior controllo. Mezzi in grado di comunicare da Persona a Persona, senza intermediari, cogliendo il sentiment dei "pensanti" con cui ci si sta confrontando.

Analisi Contemporanea e Real Time significa anche capacità di saper aggiustare il tiro velocemente: avendo ascoltato e conversato su più fronti. Meglio quindi non essere perfetti, curando i nostri progetti nel dettaglio ma "fare" e buttarsi nella sperimentazione degli stessi verificando i feedback che si vanno raccogliendo con gli elementi positivi e negativi che vanno emergendo. Lavorare per microprogetti e seguirli per agire snelli nel cambiamento. Questo in sostanza è il grande cambio di approccio dei nostri giorni: "fare", buttarsi nella progettazione, tenere sotto occhio il Real Time e, dopo una prima Analisi globale, testare errori su cui migliorare.

Conoscere ed applicare i principi base dell' Analisi Tradizionale, che vedremo nelle prossime pagine, aiuta a comprendere ed integrare la fotografia di scenario attraverso un approccio al mondo più "scattante". Nelle due schematizzazioni che vi proporrò la linea obiettivo è su questa direzione: saper analizzare per imparare a reagire velocemente. Faccio un ulteriore considerazione, che vale soprattutto per i più giovani, "ragionamento opposto": non sempre agire d'impulso può aiutarci ad avere risposte adeguate. Non sempre il Real Time e il "provarci" funziona se è fine a se stesso, per questo bisogna saper integrare le due linee che, per l'appunto, ho definito come: Tradizionale e Contemporanea.

#Pianificazione - passo 2-

Il secondo step della Movie Strategy è la Pianificazione. In questo step il Marketing Movie prende inizio!

Al termine della fase di Analisi le idee sono più chiare e molti interrogativi hanno già ricevuto risposta. Quello che è necessario fare è iniziare a progettare il film costruendone al meglio trama e contenuti globali. Una traccia di lavoro, i suoi tempi di azione.

#Mission

Nel cammino, che dall' Analisi ci porta alla Pianificazione, la vostra testa pensante avrà visto tanto, avrà raccolto idee, avrà ipotizzato pubblici di Dialogo. Tanti pensieri che cominciano a prendere ordine, un puzzle di immagini, di idee, di considerazioni.

In tutto questo vi è una necessità impellente: la ricerca di quel qualchecosa in grado di riordinare i pezzi raccolti per poter rendere la Vision realtà. Per questo necessitate di focalizzare la Mission. **La Mission detta la linea con i vostri caratteri di unicità: è la tabella di marcia del**

vostro operato per giungere nel migliore dei modi a raccogliere ed elaborare quanto emerso in Analisi accompagnandovi così nel vostro lavoro. La Movie Strategy si colloca quindi alla fine della Analisi, dopo aver raccolto elementi sufficienti per poter procedere allo sviluppo della fase di Pianificazione. Cosa significa questo? Se il sogno, le parole chiave, la proiezione del futuro della vostra attività sono all'inizio, per concretizzarle è necessario darsi delle linee, delle regole, dei distinguo rispetto ad altri.

Mi piace da sempre pensare alla Mission come allo stile profondo del progetto con tutti i suoi dettagli. "Le progettualità non sono tutte uguali", su quello stile dovrò essere in grado di dare il via alla tabella di marcia dei lavori con un'impronta personale. Ognuno infatti taglia il nastro con "il suo stile" che, a trecentosessanta gradi, dovrà calarsi in ogni progettualità. Per fare questo delinea degli obiettivi globali per la strategia aziendale nel suo complesso pensando a come operare in linea ad ogni area di pubblici individuati in fase di Analisi. Ecco quindi che, partendo dalle parole chiave inziali che vi hanno aiutato a definire la Vision, penserete ai vostri Interlocutori chiedendovi:

- "Qual' è l'impronta, lo stile, che desidero dare alla mia attività pensando alle categorie di Interlocutori che andrò selezionando?".

- "Cosa ogni pubblico selezionato dovrà percepire in relazione al mio stile?". Ovvero… "Che macro obiettivo mi riprometto di raggiungere per ciascuno di essi?".

Al termine della Pianificazione vi è poi l'individuazione delle aree strategiche su cui si intende lavorare definendo per ciascuna tempi, azioni, budget, risorse umane che verranno impegnate. In Pianificazione cominciate così a strutturare le vostre idee. Ad esempio a delineare un'area commerciale, un'area comunicazione, un'area produzione e cosa ciascuna area dovrà fare per attivarsi nel tenere il passo della Mission in relazione ai propri Interlocutori di progetto.

Altro discorso da tener conto in questa fase è la cosiddetta Content Strategy, lo sviluppo di questo tema merita un forte approfondimento. Se lo vorrete avremo modo di riparlarne in maniera dettagliata in altre occasioni quando gli ingredienti saranno ormai di uso quotidiano per tutti voi. Vi anticipo comunque alcuni ingredienti base anche per questa fase con l'intento di stuzzicare la vostra curiosità ed O.Y.M.

#ContentStrategy

Al giorno d'oggi, l'importanza dei contenuti, di quello che si trasmette, emerge fortemente: sta ormai diventando un must. Non vi può essere Pianificazione senza una adeguata Content Strategy. Non si tratta semplicemente di dire che dovete narrare qualchecosa. **Il narrare del vostro Movie non dovrà essere casuale ma speciale, differente e raggiungere così il risultato desiderato.**

Il modo in cui trasmetterete il vostro Content dipenderà da voi, dal come ragionerete in fase di Pianificazione. Certamente ci possono essere diversi strumenti e trucchetti che vi possono aiutare nell'esplicitarlo in maniera opportuna, raggiungere così il risultato che vi siete prefissati. L'unicità, la differenza, parte da una buona idea, da un buon studio. L'Analisi vi porterà a rintracciare "elementi di contenuto", che vanno al di là della autoreferenzialità del vostro prodotto o servizio (vecchio advertising), sostituendosi con la ricerca di quello che i vostri Prosumer nel "prima" hanno voglia di ascoltare. Perché interessa loro.

Complicato? No... secondo me stimolante... c'è tanto da scoprire e da creare. Questo vi fa capire perché, in "Pianificazione", si può arrivare con le idee più chiare. Progettando così content eccezionali, non improvvisati!

Gli strumenti di cui si avvale la Content Strategy sono diversi. Certamente il più diffuso e conosciuto dei nostri tempi è lo storytelling dove il primo input che vi posso suggerire è di interrogarvi sulla profonda differenza tra una "Storia" ed un "Racconto". Ci avete mai pensato? Lascio a voi la risposta. E' necessario imparare a narrare, a capire, ad entrare in sintonia con chi ci ascolta. Pensate ai cantastorie di un tempo: loro avevano forse già intuito cosa significava fare storytelling. E ancora... la magia del pensierino scritto a mano negli "antichi quaderni di scuola", dove la mente corre, pensa, inventa, sogna e fa sognare chi ci ascolta.

Pensieri genuini, naturali, schietti sono quelli che il pubblico di oggi ha voglia di ascoltare. Questo è un altro punto da non sottovalutare per essere in prima linea. **Narrare il vostro vero Movie, quello in grado di rendervi unici, di essere "per contenuti" diverso e "primo" nel vostro settore.** Vi ho fatto venire in mente qualche cosa? Sono certa di sì ... ma è solo una prima idea....vi serve esaminarla di più.

In tutto questo le tecnologie ci affiancano. Come ci affiancano? Pensateci un attimo. Per i Millennials sono il quotidiano, il racconto prende corpo attraverso testi, immagini, video. Ecco che il vostro racconto si trasmette nelle Digital Strategies dove tutto vive in Multichannel. I canali si parlano, si intrecciano. È necessario saperli integrare, cogliere l'attimo per poter dialogare con il vostro pubblico. Soffermatevi con gli occhi ben aperti sul Prosumer che avete difronte ed osservartelo nel momento in cui sta cercando quel qualchecosa che forse anche voi potete offrire.

Bene. Avete capito dove sono, cosa cercano, che linguaggio usare. Siete quindi pronti con il click per parlare con loro. Ed ecco che qui nascono i Piani Media, la ricerca dei canali giusti, la creazione di calendari editoriali con contenuti ragionati, in linea alla strategia e non improvvisati. **Sarete in grado di ascoltare, creare, editare al momento giusto per poter poi raccogliere.**

Attuazione - passo 3 -

Questa è la terza fase, pronti? Ciack si gira. Si gira perché finalmente, come penserete voi, si potrà veramente iniziare ad elaborare nel dettaglio le vostre aree di azione. E qui si parte! **Dopo aver pianificato si potrà agire, aggiustando anche in micro fasi di lavoro quello che si sta attuando… esperimentando.**

Verifica e Controllo - passo 4 -

In questo step è necessaria la verifica, la compatibilità di quanto pianificato sia con i vincoli emersi (finanziari, istituzionali…) sia con le risorse disponibili (professionali, culturali, informative ecc.). In tal senso il progetto necessita di essere rivisitato periodicamente riadattandolo alle differenti situazioni. Modellando e riprendendolo sulla base di opportunità e vincoli.

Ci siamo? Adesso avete una idea globale delle principali aree di lavoro di sviluppo di una strategia e allora avanti possiamo procedere nel conoscere meglio la prima area. Parleremo dunque di Analisi esterna in ottica Tradizionale e Contemporanea.

Scenario Tradizionale? Come fotografarlo

Il Marketing Movie è come girare un film ..... un film particolare che per essere realizzato necessita di Analisi mirate.

Una prima linea di Analisi di tipo previsionale, attraverso calcoli e prevedendo con attenzione numerosi dettagli che per l'appunto definisco **Tradizionale.** Una seconda che battezzo come **Contemporanea** che, pur considerando la linea classica, tiene sempre presente il Real Time e la capacità di rispondere velocemente ai Mercati.

Vedremo insieme i "passi base" per capire cosa significa affrontare un'Analisi Tradizionale. L'approccio metodologico che vi propongo si compone di molte parti "classiche" rivisitate a modo mio, con l'aggiunta di piccoli accorgimenti, semplificazioni per accompagnarvi nell' acquisire meglio il ritmo del giorno d'oggi delle pagine successive. Con i vostri O.Y.M. potrete poi integrare, creare e sviluppare il mix più consono alla vostra realtà. Questa dunque è una prima traccia base per avventurarvi nella ricerca del vostro "stile".

Nel corso del tempo mi sono dedicata spesso all'Analisi. Questa fase di lavoro è appassionante, i confronti di gruppo fanno sempre emergere l'energia e la voglia di crescere cercando novità ed idee nuove da esplorare. Sono certa che sarà così anche per voi! E allora pronti? Cominciamo.

Conoscere il proprio mondo

La prima regola è darsi dei compiti, degli obiettivi che, con disciplina e metodo, portano ad una sempre maggiore padronanza e conoscenza dello scenario di appartenenza. In base al piano strategico si andranno a determinare diversi aspetti utili per raggiungere l'obiettivo. Vi propongo sette passi:

- #VisionGlobale. - Passo 1 -
- #VisiondiArea (se previsto). - Passo 2 -
- #Documentarsi e #Recintare.- Passo 3 -
- #AnalisidellaConcorrenza. - Passo 4 -
- #Brainstormig e #SwotAnalysis. - Passo 5 -
- #Interlocutori.- Passo 6 -
- #InterlocutoridiRiferimento basic. - Passo 7 -

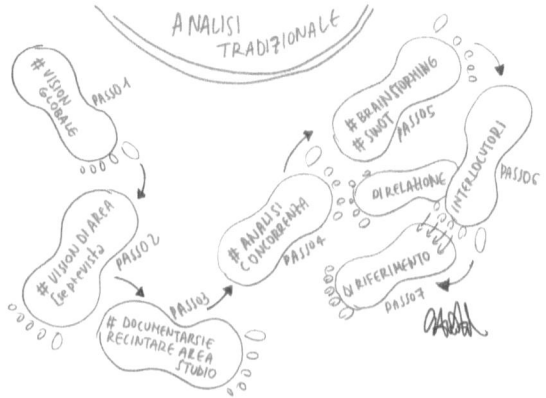

Il mio consiglio? Prendete carta a penna e cominciate a pensare al "vostro mondo" sviluppando step by step la traccia metodologica e le indicazioni che seguono. Sono certa che, con grande soddisfazione, vedrete crescere ed arricchire di personaggi e temi il vostro Scribing.

Una buona Analisi parte da qui, dal vostro set e pensiero! Non perdetevi d'animo, siamo all'inizio, ogni elemento che incontrerete sarà un ingrediente nuovo e prezioso per visualizzare l'unicità della vostra idea. Se poi riuscite a fare questo lavoro in gruppo sarebbe veramente eccezionale! Sì perché, se non lo fate da soli, potete avviare un costruttivo scambio in brainstorming e, quindi, i risultati saranno certamente migliori.

#VisionGlobale. - Passo 1 -

Il punto di partenza di ogni strategia è avere una Vision. Senza una Vision non è possibile sviluppare un progetto adeguato. E' indispensabile che abbiate chiaro questo punto. Vi siete posti le domande base? Avete una risposta?

VisiondiArea (se prevista). - Passo 2 -

Perché parliamo di Vision di area? Questo schema metodologico presuppone che, al termine della fase di Pianificazione, una volta determinati i diversi ambiti di lavoro, per ciascuno di essi dovrete ragionare sulla loro Vision. Questo per procedere alla messa in atto dei medesimi.

Se i progetti di area sono più di uno potrebbe accadere che, in alcuni casi, la Vision non coincida con quella globale. Questa scelta sarà dettata dalle linee guida della vostra Movie Strategy dove si dovranno sempre tenere presenti le eventuali diversità nelle Vision di ogni singolo progetto.

Supponiamo che la vostra Azienda produca vini e che, in fase di Pianificazione Strategica globale, si sia deciso di avviare un progetto di area parallelo. La nuova area prevista si occupa in maniera esplicita della produzione di servizi accessori per l'ospitalità e l'accoglienza non direttamente collegati all'Azienda. In questo caso le due Vision sono diverse anche se in equilibrio con la strategia complessiva.

#Documentarsi e #Recintare. - Passo 3 -

E' di fondamentale importanza acquisire un metodo di lavoro imparando a documentarsi e a recintare l'area oggetto di studio.

#Documentarsi

Documentarsi significa raccogliere informazioni a zoom completo, con occhi e orecchie aperti al mondo, sull'indagine e non solo.

La sfida infatti è aprirsi osservando tutto quello che può essere interessante per il progetto o la vostra idea. Raccogliere informazioni generali, trend di settore, mode che stimolano curiosità che potrebbero essere utili.

Con lo sviluppo delle nuove tecnologie gli strumenti di raccolta e di gestione delle informazioni sono numerosissimi. Ciò non toglie che, anche in un approccio di raccolta di documenti tradizionale, non si possano raccogliere svariati input. **Il must è sempre avere un metodo ed una organizzazione dati adeguata.**

In questo lavoro la curiosità dovrebbe essere alimentata frequentemente. Se non siete Persone curiose cercate un modo per accendere in voi questo atteggiamento o fatevi aiutare. La curiosità e la creatività sono infatti un elemento basilare per il buon esito del Movie.

#Recintare l'area di studio

Cosa state indagando? Su cosa concentrate l'attenzione? Progetto globale? Progetto di area? Nuovo prodotto?

Altro? Inquadrare il dove si sta operando, cosa si deve studiare in maniera più dettagliata. Questo è indispensabile per procedere nello sviluppo dello studio. Queste domande chiave ci aiutano infatti a vagliare meglio le idee su quanto si va cercando. Siamo comunque ancora in una fase esplorativa dove i "recinti" sono aperti a sempre nuovi sviluppi. Ognuno con il tempo e l'esperienza accrescerà il proprio stile ma certamente non si può prescindere dall'avere un metodo di lavoro per la raccolta dei dati.

#MetododiLavoro

Quello che dico sempre "avere ordine nel vostro computer è fondamentale". In altri termini è doveroso organizzare le cartelle ed i files con nomi adatti e leggibili da tutti. Avete dei collaboratori? A maggior ragione è basilare che sia tutto di facile lettura! Pensate infatti alle perdite di tempo, alla confusione e probabilità di errore se i documenti andranno condivisi e rielaborati tra più Persone senza una buona organizzazione.

E per fare questo? Per fare questo quello che vi consiglio è di creare su carta l'impostazione del lavoro che andrete costruendo per una strutturazione informatizzata dei vostri dati. Sono certa che molti di voi già lo fanno ma meglio ricordarlo a chi sta per iniziare a progettare e sviluppare una nuova area di lavoro. Disponete il tutto in maniera semplice, ordinata, chiara individuando un vostro metodo.

#AnalisidellaConcorrenza.- Passo 4 -

Il quarto punto della Analisi si occupa della "Concorrenza". A questo proposito il consiglio basic che mi sento di dare è che ogni Analisi della Concorrenza debba essere fatta confrontando gli stessi temi e nella medesima area di Mercato. Altrimenti avrebbe poco senso fare una Analisi. Con il mutare dell'offerta i concorrenti cambiano ed è opportuno verificare forze, debolezze, eccellenze, criticità. Seguendo un metodo di lavoro che potrete fare vostro in base alle situazioni che andrete indagando. Il tutto al fine di delineare il proprio Posizionamento Competitivo nell'area di Mercato.

L'obiettivo è quindi farsi notare con caratteri di novità in grado di emergere. Trovare quegli elementi di distinzione che necessitano comunque di essere continuamente indagati e rivalutati.

#Brainstorming e #SwotAnalysis .- Passo 5-

Esistono diverse metodologie di raccolta delle informazioni per procedere all' Analisi dei rischi di progetto. Tra di esse la tecnica più semplice e conosciuta è il **Brainstorming.** Vi sono poi molte altre linee di pensiero ma quella che ancor oggi è certamente più utilizzata è la **Swot Analysis.**

Cos' è il Brainstoriming? Forse molti di voi già lo sanno ma per chi non conoscesse ancora questo termine eccovi una spiegazione veloce. Immaginate di riunirvi in un gruppo e di commentare insieme su un argomento, su un concetto chiave da sviluppare. Questo scuotimento di cervelli non porta forse a nuove idee? Certamente sì. Io esco sempre molto carica e ricca di energie da questi momenti di confronto. Se non lo avete mai provato ve lo consiglio. Ma…mi raccomando …non sono solo chiacchiere…datevi un metodo, una scaletta ed avrete ottimi risultati.

#SwotAnalyisis

Tecnica di Analisi attribuita a Albert Humphrey, che ha guidato un progetto di ricerca all'Università di Stanford fra gli anni '60 e '70. L'Analisi Swot è uno strumento di Pianificazione Strategica usata per valutare i **punti di forza (strengths), debolezza (weaknesses), le opportunità (opportunities) e le minacce (threats)** di un progetto o di un'impresa o in ogni altra situazione in cui un'organizzazione o un individuo deve prendere una decisione per raggiungere un obiettivo. I punti di forza e debolezza vengono considerati come elementi endogeni, interni (con caratteristiche proprie). Le minacce e le opportunità come esogeni perché correlati a fattori esterni.

La distinzione è importante perché ci permette di capire come sugli **elementi interni (gli endogeni)** è possibile intervenire concretamente. Su quelli **esterni (esogeni)** non vi è intervento diretto ma dovremmo comunque attivarci al meglio per prevenire le eventuali minacce e, nel contempo, saper cogliere velocemente le opportunità che si possono presentare.

L'Analisi Swot va rapportata allo scenario di interesse secondo dei criteri in base all'oggetto di Analisi. Ad esempio, secondo il criterio geografico, potremmo avere tre livelli di indagine: locale, nazionale internazionale. Per approcciare l'Analisi Swot in maniera coinvolgente, stimolando la partecipazione da parte dei vari membri di un gruppo di lavoro, sono solita semplificare lo schema classico seguendo alcune procedure per lavorare in gruppo. Vi propongo una schematizzazione che potrete seguire "passo passo" come illustrata in figura.

Siete pronti per il **passo A**? Iniziamo il **brainstorming** Swot. Avete riunito un gruppetto di lavoro? Prendete un grande foglio bianco e cominciate ad elencare tutti i temi che secondo il gruppo devono essere approfonditi insieme perché degni di nota. Ovvero quali sono gli argomenti, le tematiche su cui è necessario parlare per valutare insieme eventuali minacce, opportunità, punti di forza o debolezza in essere? Ipotizziamo che dobbiamo iniziare a sviluppare la strategia globale di una Azienda, di una attività. Il mio consiglio è quello di partire con uno schema globale, come quello rappresentato in figura, dove i vari partecipanti condividono da subito un ragionamento comune su vari temi specifici (A,B,C…). In questa prima fase si va annotando solo il nome dell'argomento di cui si intende parlare ovvero un **elenco delle tematiche**.

A seguire, dopo avere predisposto questo primo elenco e se nessun altro ha nulla da aggiungere, si riprende dall'inizio valutando ogni punto, ciascuno esprime verbalmente cosa intende per quell'argomento ovvero **"descrizione delle tematiche" (passo B)**.

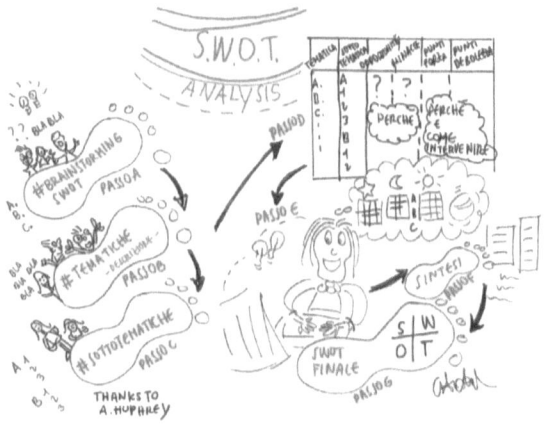

Nella riunione tutti prendono appunti: si potranno così definire eventuali **sotto tematiche (passo C)**.

Le "teste pensanti" si sono aperte? Ottimo! Siamo carichi, siamo in piena esplorazione …. Cerchiamo ora di fare ordine su quanto emerso **(passo D)**. Predisponiamo una **cartella excel** sui nostri pc impostando una tabella di sei colonne: tematica, sotto tematica, opportunità, minacce, punti di forza e punti di debolezza. Ho la consuetudine di unire in una tabella preliminare fattori esogeni ed endogeni in quanto, in questa fase, è più facile sviluppare il ragionamento comune. Per comodità si potrà poi suddividerla in due ulteriori: una prima relativa ai "punti di forza e debolezza" ed una seconda per "minacce ed opportunità".

Nel momento in cui sviluppiamo la cartella possiamo inoltre decidere **su quali ulteriori "mondi" potremmo fare questa Analisi.** Ad esempio considerando un criterio di segmentazione geografico **(passo E)**. Ne risulta che, a livello pratico, si andranno inserendo in cartella tre fogli excel identici. Ciascuno con le medesime tematiche che potranno essere valutate nelle tre diverse locations: locale, nazionale ed internazionale. Quello che emergerà è che non tutti gli argomenti sono utili nei tre scenari e, nel contempo, potranno evidenziarsi input e temi nuovi nei contesti esaminati.

Alla fine di questo percorso **(passo F)** si andranno raccogliendo riflessioni e rielaborazioni emerse dalla Swot ed anche dalle indagini globali a monte. Ottimo punto di **sintesi** per la fase di Pianificazione Strategica successiva.

Il **passo G** esprime il quadro **Swot finale** ovvero gli elementi essenziali indagati nell'Analisi per i quali è necessario prestare maggiormente attenzione. Nei quadranti potranno essere riportati, per punti, le principali minacce, opportunità, punti di forza e debolezza commentate nel passo F.

#Interlocutori. -Passo 6-

"Interlocutori": ricordate chi sono? Scoprire gli Interlocutori significa **saper fotografare in una immagine tutte le Persone che interagiscono o potenzialmente potrebbero interagire con la propria organizzazione.** Possono altresì essere chiamati **Stakeholders o Pubblici.**

In fase di Analisi è necessario capire chi sono per poterli individuare nei vostri progetti. Spesso questo punto non è di facile comprensione, si sottovaluta infatti l'importanza degli Interlocutori.

Ma... pensateci un pochino... il "vostro mondo" è fatto da diversi soggetti diretti ed indiretti. Persone che collaborano con voi o che, ad esempio, appartengono ad organi di settore con cui dialogate. Possono altresì essere individuate in un elenco perché appartengono ad un circuito di "potenziali contatti" di cui sapete l'esistenza e con cui, per l'appunto, potreste sviluppare ulteriori relazioni. E allora avanti... ecco in sintesi i passi da seguire per analizzare gli Interlocutori.

Vi propongo di fare una distinzione tra **Interlocutori di Relazione e Interlocutori di Riferimento** che vi potrà servire per capire meglio cosa comporta l'abbracciare metodologie di Analisi più attuali. Questa distinzione, apparentemente sottile, fornisce delle prime indicazioni verso l' approccio Contemporaneo.

Considero **Interlocutori di Relazione** coloro che, in seguito ad una **"selezione globale della fotografia"**, decidiamo di prendere in considerazione e che, in chiave Tradizionale, costituiscono una sorta di anteprima dei Target obiettivo.

Per **Interlocutori di Riferimento** intendo coloro che, tra quelli di "Relazione", sono stati a tal punto studiati, anche usando nuovi approcci e tecnologie, da divenire il **casting di scelta del Movie. È qui che si segna l'anteprima per individuare gli "Armonici".** Nei vari passi dell'Analisi avremo modo di capire meglio questa differenza.

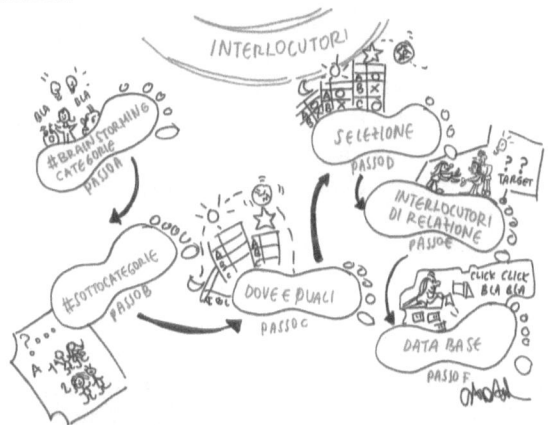

Iniziamo con il brainstorming **(passo A)** chiudete gli occhi, parlate, pensate ….chi sono i vostri Interlocutori? Un bel foglio di carta grande e avanti… scrivete tutto quello che vi viene in mente cercando di non dimenticare nessuno. Elencate i gruppi globali: A,B,C…ipotizziamo che il gruppo A sia quello dei "fornitori". Questo è un primo esempio di **"categoria".** Voi potrete aggiungere le altre. Vedrete che nell'elenco vi sarà poi il bisogno di fare delle ulteriori suddivisioni, le **sottocategorie (passo B).** Che tipo di fornitori? Quali sottocategorie? Ovviamente potrete procedere in egual maniera per clienti attuali e potenziali o **altri mondi** cercando di raggrupparli in maniera ordinata. Proseguite così allargando, passo dopo passo, il cerchio, cercando di capire quali altri scenari esplorare. La linea di ricerca sarà diversa da Movie a Movie e potrà estendersi su location diverse on line ed off line. Procediamo così ad ampliare e rafforzare le progettualità servendoci ancora una volta di una cartella excel. Ci posizioniamo davanti al computer e creiamo una **cartella** "Interlocutori" contenente fogli excel suddivisi per i **"mondi di nostro interesse"**: "dove e quali" **(passo C)**. Il criterio di segmentazione che andrete utilizzando potrà essere diverso da progetto a progetto. Il punto base è che vi deve essere lo sforzo mentale attivo. L' O.Y.M. presente nel cercare non solo di fotografare ma anche di analizzare profondamente ogni aspetto "Perché? - direte voi -. Bene, vi rispondo subito: "Perché dietro ogni elemento trascurato ci può essere la scoperta di un nuovo canale, di nuove idee, di nuovi clienti!". **Ecco quindi la necessità dell'esplorazione di circuiti on line ed off line, ricerche "mentali"… Pensate ad amici, conoscenti, clienti, trend collegati al vostro prodotto/servizio…. Dietro ciascuno di essi ci sono gruppi, Communities, aggregazioni di Persone che si muovono e che, potenzialmente potrebbero essere vostri clienti.** Da altri gruppi potranno anche emergere succose fonti di idee da condividere per raggiungere degli obiettivi comuni come le categorie che sono rappresentate da partners, sponsor… Sono o non sono anche questi degli Interlocutori? A questo punto avete già degli elementi in più! WOW! Lo avreste immaginato di avere una fotografia di scenario tanto ampia? Tanto estesa che è arrivato il momento di decidere e fare una **selezione (passo D)** calcolare, ipotizzare chi eliminare, chi mantenere….**Ecco la vostra selezione!** Quali di questi gruppi che avete "fotografato" saranno di effettivo interesse per il casting, quali oscurare o non considerare per il progetto e quali far rientrare in una fase successiva. Mettiamo delle crocette? Alla fine avrete **(passo E)** la scelta dei vostri **Interlocutori di Relazione** Quelli che - in Analisi Tradizionale - potranno essere i vostri Target obiettivo su cui sviluppare la Pianificazione Strategica. A questo punto vi chiedete: "Abbiamo dei dati per poterli contattare?". Da qui la ricerca e costruzione di data base cartelle dati **(passo F)**.

Per ogni gruppo selezionato vi potranno essere cartelle di lavoro, documenti, fogli excel con relative "piazze" di Dialogo, indirizzi e vari elementi che potranno essere utili. Tabelle integrabili, aggiornabili in ogni momento e che costituiranno un preziosissimo data base Aziendale…da alimentare!

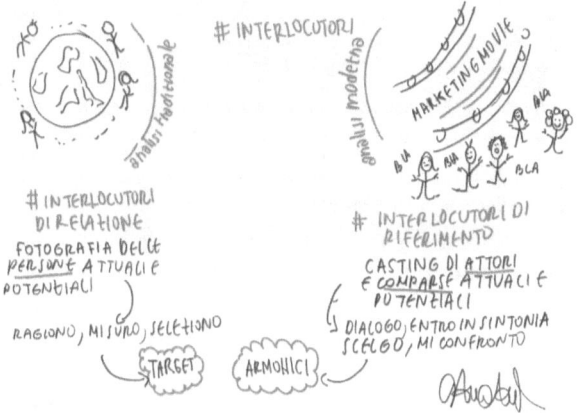

Pensando fin da ora alla Analisi Contemporanea vi introduco dunque l' ulteriore distinzione nella classe degli Interlocutori ovvero quelli di Riferimento (passo 7)

#InterlocutoridiRiferimento basic. - Passo 7 -

Pensateci con attenzione, pensate a quelle relazioni, a quelle Persone….sono solo delle crocette? Sono davvero uguali? Potete pensare di impostare delle strategie globali per ogni gruppo individuato? Siete davvero in grado di sceglierli fin da questo momento per il vostro Casting? Secondo me no. Per proseguire o attivare con loro la conversazione è necessario conoscerli meglio. Cosa significa?

In Analisi significa che se, ad esempio, avete individuato un gruppo "amanti della bicicletta" e diversi sottogruppi potrete sceglierne alcuni su cui lavorare. Supponiamo di considerare le "famiglie amanti della bicicletta" . ...adesso dovete capire dove sono queste Persone....avete bisogno di scoprire tutto su di loro... le "piazze" dove parlano, i gruppi on line ed off line a cui potrebbero appartenere...i collegamenti che ci potrebbero essere...

Ecco che da quel foglio excel, che sembra tanto freddo e senza parola, cominciate a sentire le voci delle Persone, le cercate.... sul web ... e vi chiedete ....dove sono? Click, click, click ....Le domanda da porsi saranno... "Cosa potrei cliccare per tracciare il viaggio delle famiglie amanti delle bicicletta?"- "Che famiglie ci sono?" - "Come potrei profilare queste Persone?"

Con questi ragionamenti anticipatori desidero iniziare ad accompagnarvi verso l'Analisi Contemporanea dove si lavora in Real Time e non solo a tavolino, dove si entra nel Movie fin dal primo momento. E' **quindi opportuno analizzare in maniera Tradizionale i Pubblici ma con un occhio di riguardo a quelli "di Riferimento" pensandoli da subito al suo essere o meno adatti ad un "casting" profilando così le Personas.**

Sarà opportuno entrare nel vivo delle loro conversazioni: imparare ad ascoltare, dialogare. Personas che, anche con l'uso delle nuove tecnologie, potremo indagare e studiare nel dettaglio perché saranno loro i partecipanti al casting di selezione.

Gli Interlocutori di Riferimento sono un transito, un passaggio da qui infatti ci si spinge verso gli Armonici. Ecco quindi il perché della necessità di conoscere quanto i tempi di oggi sono cambiati e come l'Analisi stessa si muova in maniera diversa.

Correre con il Real Time

Il web entra nel lavoro, le Persone sono sempre più nelle "piazze on line". Gli approcci di Analisi non possono prescindere dall'utilizzo di questi strumenti ne dal considerare la presenza delle Persone ed il loro dialogare.

Ciò premesso, come vi dicevo, per me l'ottica di oggi ci spinge al pensare alla creazione di un progetto come ad un Movie dove, per l'appunto, le Persone si muovono vestendosi da attori protagonisti. **Un film particolare, diverso, dove tutto e tutti sono in continuo movimento e si deve cogliere l'attimo: quello del Real Time**.

Correre con il Real Time, saper analizzare il proprio scenario, implica aver già capito "come fotografare". Perché è da lì che bisogna comunque partire.

Avete già una certa dimestichezza con la capacità di osservazione, di raccolta dati, di visione? Ottimo. Allora possiamo partire. Avete infatti raccolto qualche ingrediente in più, quel pizzico di conoscenza integrativa che vi permette di correre. Non perdete tempo, le scene potrebbero cambiare. Vediamo di procedere nell'esplorazione della Analisi Contemporanea, quella del Real Time e della "rete".

Analisi Esterna in ottica Contemporanea

Nello scenario in cui ci stiamo avventurando dobbiamo sempre avere un occhio aperto al web, alle Persone, all'orologio, al Real Time.

Ci guardiamo attorno: uno scorrere continuo di personaggi e comparse che si muovono con una velocità enorme. Un chiacchiericcio intenso, che ci confonde, ci stordisce e che talvolta ci pare quasi impossibile poter intercettare.

Il concetto è proprio questo. La nascita del web ci costringe ad imparare a captare parole, emozioni, sensazioni, ad avere occhi ed orecchi aperti e pronti ad ascoltare con velocità. La linea previsionale Tradizionale necessita di essere arricchita di nuovi strumenti.

Seguiamo questo nuovo cammino raccogliendo altri stuzzicanti e stimolanti componenti che, personalmente, mi hanno subito affascinato e coinvolto. Pensateci un attimo: è come risvegliarsi in un mondo che si pensa di conoscere ma che poi, in realtà, emerge intriso di rivelazioni che lasciano a bocca aperta. Per me ogni volta è un "WOW", che meraviglia! Di cosa parlo? Ovviamente del web, di quello che spesso si pensa di conoscere identificandolo semplicemente come uno "strumento".

Come dicevo fin dall'inizio di questo nostro camminare insieme, il web non è uno strumento. **Il web è sempre più lo stesso mondo in cui viviamo, il luogo dove le Persone parlano e si scambiano opinioni. Vivono on line ed off line: intrecciando pensieri, opinioni, commenti, attività…**

Bene, allora avanti. Vi propongo "sette passi" per accompagnarvi lungo il cammino dell'Analisi Contemporanea. In alcuni tratti del percorso vi suggerisco delle pause, "soste", per un reminder su concetti già visti che qui trovano la loro collocazione al fine di rimarcare la linea e non perdere il tragitto intrapreso.

- **Contemporaneo vs. Tradizionale - Passo1 -**
- **Real Time Listening - Passo 2 -**
- **Stare sulla notizia - passo 3 -**
- **Elasticità mentale e prontezza - Passo 4 -**

- O.Y.M. - Passo 5 -
- Interlocutori di Riferimento - Passo 6 -
- Incontro con gli Armonici - Passo 7 -

Contemporaneo vs. Tradizionale -Passo 1-

Lo sviluppo di questo primo step, l'avvio ed esplorazione di quanto segue, presuppone che vi sia già una buona conoscenza ed utilizzo degli strumenti di Analisi Tradizionale.

Per questo vi suggerisco di dare una occhiata alle pagine precedenti, riesaminarle ed approfondirle qualora non fossero sufficientemente chiare.

Real Time Listening – Passo 2-

L'ascoltare in Real Time è un reminder ed integrazione al documentarsi e recintare l'ambito della Analisi Tradizionale. Quello che avviene in questa fase è infatti l'evoluzione ovvia del documentare. Più si approcciano le tecnologie, abbracciando e seguendo la loro velocità, maggiore è il desiderio di conoscere ed approfondire tutti i possibili strumenti a disposizione per arricchire le nostre conoscenze. Perché parlo di **"Ascolto"?** Perché ascoltare on line significa tante cose: indagare trend, mode, dati ma anche guardare cosa fanno le Persone, seguire le loro conversazioni, inquadrare di cosa parlano e tanto altro ancora.

Quando parliamo di Ascolto in Real Time possiamo individuare 5 diversi aspetti:

A. **#Macrotrends di scenario e settore**
B. **#Recintare con #MetododiLavoro**
C. **#PosizionamentoComunicativo**
D. **Sentyment Analysis**
E. **Influencers (individuazione)**

#Macrotrends di scenario e di settore - A

La ricerca di macro trends, dati statistici a livello nazionale ed internazionale ci può essere fornita da alcuni canali on line che possono segnalare indicazioni sui trend. Tra questi strumenti possiamo certamente citare come esempio: Nielsen e Google Trends. On line ne potete trovare molti altri, lo sviluppo è continuo e necessita di essere monitorato.

La ricerca in questi circuiti può essere utile chiedendosi su quali elementi è indispensabile focalizzare l'attenzione in relazione alla vostra indagine, sia in termini di scenario che di settore. In questo modo vi fate una idea di massima di come si sta muovendo l'area di vostro interesse e di come si spostano i consumi. Starà a voi l'interrogare ed osservare con adeguati quesiti questi motori e "piazze".

#Recintare con #MetododiLavoro - B

Nell'approccio Tradizionale si è parlato di metodo di lavoro. Questa fase di sviluppo, dettata dall'uso delle nuove tecnologie, ci spinge ulteriormente ad acquisirlo per recintare l'ambito di studio. I canali e gli strumenti per raccogliere informazioni di settore on line sono i più svariati. Elenco alcuni dei principali e più conosciuti: Blog in genere, Linkedin, SlideShare. A cui vanno ad aggiungersi i social più diffusi: Facebook, Twitter, Instantgram, Pinterest, YouTube. Non mi addentrerò nei tecnicismi dei vari strumenti. Emerge comunque evidente l'importanza del O.Y.M., del guardare sempre quello che succede intorno a voi.

Detto ciò, a questo punto, vi suggerisco di usare uno o più fogli excel riassuntivi dove potrete indicare diverse colonne come: nome sito, indirizzo, note varie ed appunti di vostro interesse, per poterli poi recuperare velocemente. Lo stesso dicasi se trovate informazioni da altre piattaforme social. Le varie cartelle excel potranno essere supportate da cartelle dati sui vostri computer e da contenitori cartacei dove raccogliere tutto quello che vi sembra utile per sviluppare idee ed indagini.

#PosizionamentoComunicativo - C

L'arrivo di internet, con la grande opportunità di valutare la concorrenza anche on line, offre enormi strumenti di "Ascolto". Quello che certamente potrete da subito percepire è la possibilità di studiare il loro comunicare on line. Il valutare come si muovono, come trasmettono la loro immagine all'esterno, le caratteristiche merceologiche dei prodotti o servizi, i prezzi. In buona sostanza potrete andare ad indagare vari aspetti.

Possiamo ad esempio ipotizzare uno studio del loro **Posizionamento Comunicativo**, analisi che, vista l'obbligatorietà di essere presenti on line, ritengo possa essere estremamente utile. Come avrete già capito amo utilizzare excel per impostare i lavori.

Anche in questo caso vi propongo dunque dei passi di Analisi per giungere ad inquadrare il posizionamento del vostro oggetto di indagine. La valutazione potrà mettere in risalto diversi elementi che riguardano la comunicazione on line ed il come opera la concorrenza. Il risultato? Idee e dati per migliorare quello su cui stiamo lavorando.

Poniamoci subito una domanda. **"Quali elementi devono essere analizzati per studiare la concorrenza on line?".** Questa prima indagine è di fondamentale importanza. Spesso, conversando in aula o con operatori sull'argomento, ho notato come sia diffuso un "osservare globale" senza tener conto della necessità di un'impostazione metodologica in grado di raccogliere poi dati utili e confrontabili.

Ottimo, cominciamo. Prima di partire prendete carta e penna e appuntatevi: "indicare sempre il giorno delle ricerche on line perché il tutto potrebbe poi cambiare". Adesso procediamo nel delineare il Posizionamento immaginandoci di seguire un tragitto intermedio con otto piccoli sassetti.

- **Sito web/Blog - sassetto 1 -**
- **Serp - sassetto 2 -**
- **Dati tecnici del sito - sassetto 3 -**
- **Social Media/Scenario - sassetto 4 -**
- **Social Media/Community - sassetto 5 -**
- **Dialogo Social - sassetto 6 -**
- **Dialogo Siti - sassetto 7 -**
- **#Cluster e #Profili - sassetto 8 -**

Sito web/Blog -sassetto 1 -

Elenco le Aziende competitor scelte e ne raccolgo in forma sistematica i dati.

Serp - sassetto 2 -

Individuo e focalizzo la Serp (tagline, tagtitle, metatag description) di ogni competitor. In questo modo ho una fotografia globale di come si presentano. #Serp (Search engine report page), se non la conoscete con O.Y.M. potrete approfondire di cosa si tratta.

Dati tecnici del sito - sassetto 3 -

In questa terza tabella concentro l'attenzione su alcuni dati tecnici che, a titolo d'esempio, potranno essere utili per un confronto. #ranking, #velocità, #userexperience, #responsive.

Non mi trattengo nell'illustrare il significato tecnico di questi concetti. Qualora non li conosceste potrete certamente trovare, anche per loro, risposta on line con O.Y.M.

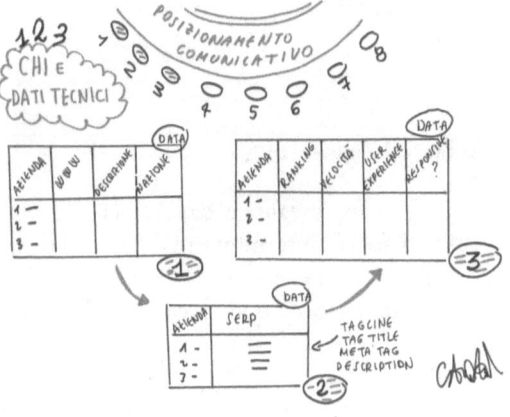

Social Media/Scenario - sassetto 4 -

A questo punto è necessario capire come il competitor si muove nelle diverse "piazze social". In tabella focalizzo se è o meno presente nei vari canali.

Social Media /Community - sassetto 5 -

La capacità del competitor di attivare una Community sui social potrà dipendere da tanti fattori. Certamente una sua fotografia di scenario è fondamentale in fase di Analisi. In questa tabella emerge, a livello numerico, la forza della Community che si stringe attorno al competitor.

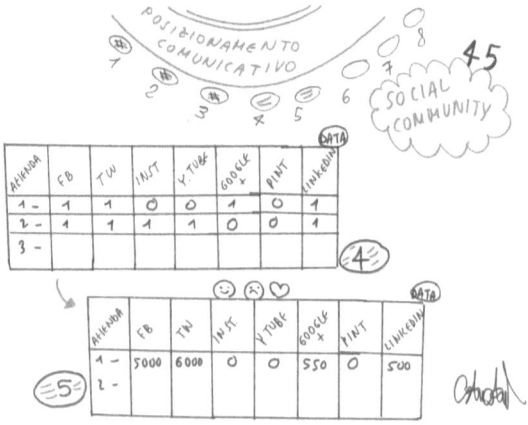

Dialogo Social - sassetto 6 -

Per poter ragionare meglio è da verificare il come si muovono sui vari social in termini di Dialogo e contenuto. Il perché numerico delle loro Communities potrà dipendere da diversi fattori e questo va approfondito. Non è infatti sufficiente esserci e, ancor meno, essere presente solo con degli automatismi. È necessario dare vita al Dialogo, una attiva compartecipazione in questi circuiti.

Procediamo facendo un confronto per "canale". Creo ad esempio una tabella facebook dove andrò ad elencare tutte le Aziende con i relativi seguaci riportandone i numeri dalla tabella precedente ma aggiungendo delle osservazioni, delle note utili, per capire che tipo di Content viene trasmesso.

Dialogo Siti - sassetto 7 -

Per quanto riguarda i siti è possibile fare un focus ulteriore sulla capacità dei competitor di dialogare nel proprio circuito. Si procede analizzando alcuni aspetti come il fatto di avere o meno un'area news, un Blog o una community Aziendale. L'uso di newsletters informative, più o meno personalizzate sui gusti del cliente, forme diverse di assistenza ai clienti, aree news, blog aziendali, community o quant'altro.

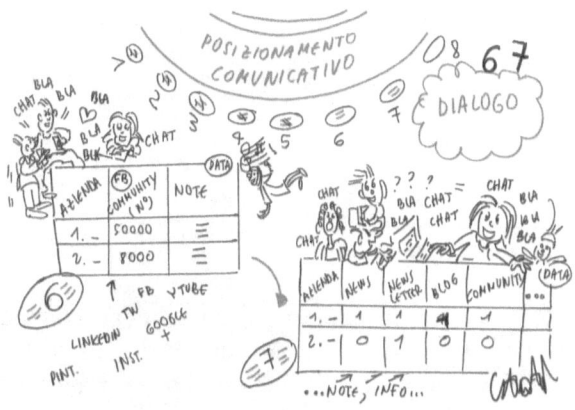

#Cluster e #Profili - sassetto 8 -

Arriviamo dunque all'ottavo punto. Questo ci permette di avere le idee ancor più chiare per focalizzare il posizionamento comunicativo.

Dove siamo? Dove potremmo essere con il nostro

sito/prodotto con opportune migliorie? Dall'Analisi fatta nei punti precedenti e da quanto raccolto in termini di trend, mode e quant' altro, si potranno infatti delineare dei Cluster, delle aree in cui i vari siti competitori analizzati potranno posizionarsi.

Dietro ognuno ci sono Persone diverse e, conseguentemente, diversi modi di dialogare. Gli steps sono rappresentati in figura e sono tre: step 1 #Cluster, step 2 #Profili, step 3 #PosizionamentoComunicativo.

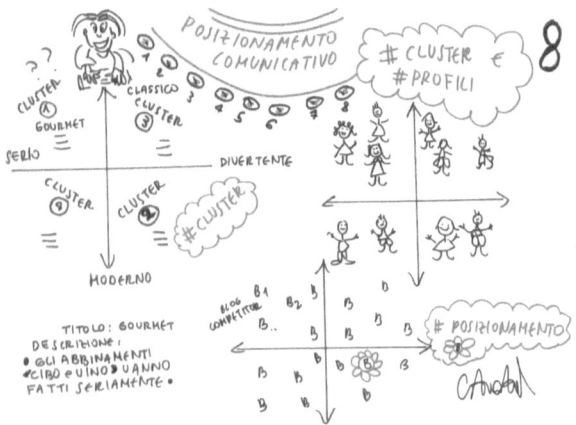

#Cluster - step 1

Per Cluster intendiamo una concentrazione di Persone, una sorta di distretto, unite da elementi comuni ed aggregabili in quanto si rivolgono al medesimo Mercato.

Nell'immagine supponiamo di raffrontare i "siti"/blog aziendali dei concorrenti" rispetto alla loro capacità di risposta alle esigenze delle Persone individuate in ogni quadro. Disegniamo i due assi cartesiani, come rappresentato in figura. Attribuiamo le variabili: classico, moderno, divertente e didattico. Ipotizziamo ad esempio di collocare in alto il punto "classico" dettando l'orientamento del Cluster verso questa direzione. Al suo opposto vi sarà il "moderno". Nel contempo sull'asse orizzontale vi potrà essere "didattico" e "divertente". In base al progetto in esame si potranno definire altre variabili.

Collochiamo all'interno dei quadranti i quattro Cluster: avremo Cluster1,2,3,4. In base al progetto potremo inventare il nome più appropriato. Come lo scegliete?

Immaginate di entrare nel pensiero di quelle Persone. "Che idea hanno di quell'argomento?". Ad esempio, per l'argomento cibo&vino, le Persone del Cluster 1 potrebbero essere quelle che ritengono che abbinamenti di cibo&vino debbano essere fatti in maniera scrupolosa e seria e non come un modo divertente per degustare dei piatti con gli amici.

Nel primo caso, dunque, il Cluster 1 sarà associabile a delle Persone che andranno profilandosi come esperti di cucina, cuochi, appassionati. Il nome potrà essere "gourmet" e l'associazione di pensiero che li accomuna: "gli abbinamenti di cibo e vino vanno fatti seriamente". In questo Cluster riuniamo quindi siti/blog in grado di conversare adeguatamente con questa idea sull'argomento.

Non tutti i siti sono uguali, pur rispondendo allo stesso Cluster, in quanto il loro parlare, comunicare, potrà essere diverso. Possiamo pertanto ragionare sui quattro Cluster individuandone per ciascuno nome e linea di pensiero. Questo ci aiuta a raggruppare e posizionare i siti/blog (B1,B2,….) nei quadranti. I dialoghi e le risposte alle persone potranno infatti strutturarsi con siti/blog tradizionali, moderni, seri o divertenti, arricchiti o meno da meccanismi di conversazione (newsletter, social ecc) in linea al loro stile di pensiero. Questo loro essere determinerà la posizione all'interno del quadrante.

Alla fine di questa indagine risulterà evidente quali spazi sono stati occupati e quali risultano ancora liberi. Dal quadro potrà infatti emergere dove siete voi e dove, eventualmente, potreste collocarvi o spostarvi sapendo instaurare il giusto Dialogo con il Cluster individuato.

#Profili - step 2

Proseguendo con lo schema, ritengo sia utile riassumere concettualmente questa seconda fase con il concetto di "Profili". Per "Profili" intendo l'associare al singolo Cluster le Persone. "Profili tipo" all'interno di un gruppo che, per determinate caratteristiche, potrebbero essere aggregabili in termini globali.

Come dire….non tutte le Persone che pensano che gli "abbinamenti cibo&vino vanno fatti seriamente" sono aggregabili indistintamente.

Pensiamo alla differenza tra un cuoco professionista ed un serio appassionato di cucina. Queste due Persone avranno due diversi profili. **Il profilare le caratteristiche delle varie Persone appartenenti ad un Cluster potrà aiutare ad individuare meglio gli "Armonici" con cui dialogare.**

Questo sarà possibile attraverso diversi sistemi on line ed off line che portano a determinare quello che, in gergo, viene definito "Personas". Profili fittizi costruiti interrogandosi sulle caratteristiche tipo che, secondo chi progetta, dovrebbe ad esempio avere l'appassionato gourmet Mary o lo chef Giovanni. Costruirete così nel dettaglio la vostra Mary, il vostro Giovanni utilizzando tutti i mezzi e le tecnologie per attuare la migliore connection.

Il risultato sarà ottimizzare il proprio sito guardando la posizione dei concorrenti nel quadrante, verificando se e come riescono a rispondere a uno o più profili del Cluster esaminato.

La sfida è proprio questa! Migliorare il rapporto con le Persone, trovare la sintonia per un Dialogo aperto, genuino ed in grado di esaltare la propria unicità nel Cluster.

#PosizionamentoComunicativo - step3

In questo terzo step focalizziamo la posizione attuale o potenziale del sito oggetto d'indagine.

In ogni Cluster vengono collocati i siti individuati. La loro collocazione nel quadro sarà correlata alla capacità di risposta, ai profili ed alle Personas di quel distretto, trovando all'interno del medesimo la collocazione più adeguata: al centro, al margine, a sinistra, a destra... ovvero la loro posizione.

Ci potranno essere dei casi in cui, avendo comunque individuato il Cluster, non si saranno incontrati siti o saranno pochi...starà a chi sta effettuando l'Analisi capirne il significato. Vediamo nuovi spazi da occupare? Non ci sono numeri sufficienti di Persone interessate a quel Cluster per investirci? L' idea è buona? Conviene proseguire su quella strada?

Dopo queste importanti parentesi lungo il nostro tragitto proseguiamo con il **Real Time Listening (passo 2)** approfondendo i passi mancanti interni ad esso ovvero il **D (Sentyment Analysis)** ed **E (Influencers).**

#SentymentAnalysis. - D -

La Sentiment Analysis consiste nei vari sistemi che permettono di individuare ed ascoltare le conversazioni on line contribuendo così alle indagini aziendali sul brand e sulla loro visibilità.

Questi sistemi, attraverso sofisticati software, permettono di analizzare un settore attraverso parole chiave del nome del brand o delle Persone e aiutano a predisporre un piano globale di Analisi della **reputazione on line.** Lavoro quantitativo e qualitativo che potrà fornire al marketer nuove idee. Inoltre, attraverso queste Analisi, si possono esaminare gli errori degli altri, magari intravedendo un vuoto dove potersi inserire.

Per attuare questo tipo di Analisi esistono software mirati e strumenti di monitoraggio i cui dati vanno poi rielaborati e studiati in maniera opportuna.

#Influencers (individuazione). - E -

Vi ho già anticipato che gli Influencers sono sostanzialmente le Persone che, per le loro capacità, conoscenze e/o relazioni, sono in grado di essere influenti su altre Persone rendendo virale la loro influenza. Apro qui una importante parentesi che vi servirà per capire meglio il concetto anche in fase di Pianificazione.

Quando parliamo di Influencer possiamo distinguere due diverse tipologie di influenzatori. Una distinzione essenziale parte da un primo interrogativo da porsi ovvero: **"Chi sono io?".** Abbiamo due ipotesi.

"Sono un Influenzatore" e, in varia forma, desidero essere colui che "influenza altri soggetti". In alternativa "sono un brand", capisco l'importanza degli influenzatori e, conseguentemente, cerco di individuarli instaurando un corretto Dialogo con loro a mio favore. Qualora, in quest'ultima ipotesi, l'obiettivo sia la ricerca di "Influencers", è utile fin da subito focalizzare i soggetti d'interesse per l'area oggetto di studio iniziando a crearsi delle **liste.**

Le liste degli influenzatori sono un classico esempio di **Learning by Doing.** La creazione di elenchi che si vanno integrando step by step o che si vanno modificando con lo sviluppo di un progetto. In tal senso non sono banche dati permanenti bensì possono essere temporanee e possono subire spesso delle variazioni.

Come abbiamo visto possiamo dunque individuare due diversi modi di rapportarsi al concetto di "influenzatore", vediamo di aggiungere alcuni altri utili approfondimenti e riflessioni sull'argomento.

Partiamo dalla prima strada, **"voglio essere un Influenzatore".** Ad esempio perché sono un free lance, desidero farmi conoscere e attirare l'attenzione per poi offrire i miei servizi. Qualora decideste di essere un Influenzatore on line riflettete sulla vostra voglia di emergere e di "metterci la faccia". Se questa volontà è grande dovrete allenarvi ed essere in grado di essere autorevoli, credibili. Nel contempo, certamente, avrete acquisito una discreta e crescente conoscenza sull'argomento di cui desiderate parlare. Tutto ciò incrementa il desiderio e la capacità di relazionarsi con le Persone. A questo punto la vostra credibilità e autorevolezza va diffondendosi al punto da diventare fonte di ispirazione. Attenzione però ad essere sempre genuini, chiari. Chi vi ascolta percepisce la vostra libertà di pensiero, svincolata dai brand che vi hanno coinvolto per promuoversi e, se il vostro giudizio fosse intuito come falso, ingannevole, perdereste subito di credibilità.

Nel secondo caso, **"sono un brand",** voglio dialogare con gli Influenzatori per aumentare la mia credibilità on line e far così crescere la mia visibilità. Qualora foste un'Azienda, un brand, che vuole farsi conoscere in maggior misura attraverso il contatto degli influenzatori, sicuramente anche per voi la voglia di eccellere è tanta e, per poterlo fare, è necessario rintracciare questi soggetti ed imparare ad entrare in connessione con loro. Entrare nelle loro Communities di conversazione, vedere di cosa parlano e saper rispondere alle loro richieste. Ecco il crearsi delle liste.

L' Influencer Marketing si occupa, per l'appunto, di sviluppare e studiare le varie forme di influenza delle Persone, intese dal punto di vista del Marketing. E' infatti ormai chiaro come la loro forza sia in grado di dettare enormi cambiamenti su visibilità e potere di un brand o di una Persona. In questa direzione, ancora una volta, **le nuove tecnologie possono aiutare nella ricerca continua di dati e di soggetti.** Esistono infatti diversi sistemi per focalizzare gli Influenzatori. Personalmente penso che lo strumento ideale sia sempre il learning by doing creandosi, in autonomia, delle liste rivedibili. Tutto questo, cercando poi, di estrapolare le proprie indagini con degli strumenti su misura: non affidandosi a canali che, a loro volta, potrebbero subire delle influenze.

Ricordiamoci sempre che, con l'avvento di internet, **"tutti potenzialmente possiamo essere Influencers" e, nel contempo "essere oggetto di influenza, critica o commento positivo".**

Il Z.M.O.T. di Google ci insegna quanto sia importate arrivare al "prima", capire dove sono le conversazioni giuste e chi, in quelle "piazze", potrebbe influenzare altri. La credibilità e la crescita della **brand reputation** passa dal W.O.M.(Word of Mouth), dal passa parola che gira on line ed off line. È su questo che bisogna sempre intervenire, attivandosi nei luoghi di conversazione per imparare a conoscersi meglio, entrare nelle Communities del brand dove certamente potranno emergere degli influenzatori.

Proseguiamo ora sulla strada principale dell'approccio Contemporaneo con il passo 3.

Stare sulla notizia. - Passo 3 -

Stare sulla notizia significa essere sempre in grado di seguire eventuali informazioni aggiuntive sull'argomento di interesse ed oggetto di studio.

Questo elemento di Analisi va oltre i macro trends indicati nel primo punto costituendo una fase a sé. Per essere pronti a creare lo scenario adatto è infatti necessario essere veloci anche sul fronte a portata di click. Significa dare uno sguardo ai principali circuiti di "notizie" e verificare se, "nell'aria", ci sono novità che possono essere d'interesse. Con internet è possibile tuffarsi in alcuni canali di base che è quantomeno opportuno conoscere per essere nel flusso. A tal proposito alcuni dei più conosciuti strumenti d'aiuto per lavorare in Real Time, con la visione di contenuti, sono Linkedin o SlideShare. Nel contempo vi potranno essere argomenti del giorno e conversazioni in atto su Twitter.

Tutto ciò potrà essere altresì organizzato in varia forma, con metodo di lavoro, in autonomia, con l'uso degli svariati strumenti on line. Sistemi che non vi sto ad elencare e che sono in continua evoluzione. Penso alle Twitter Lists, al seguire blogger o a mezzi come Feedly. I canali sono tanti ed in continua evoluzione, in questo senso il consiglio è seguire sempre il vostro #O.Y.M.

Flessibilità e prontezza al cambiamento. - Passo 4-

Questo punto rimarca in generale il come deve essere l'approccio Contemporaneo di Analisi e di cambio di strategia. Lavorare nel mondo del Real Time comporta infatti la capacità di essere elastici per riformulare e cambiare velocemente l'impostazione di quanto si è prospettato.

O.Y.M. (apri la tua mente). - Passo 5 -

Aprire la testa e la mente. Ne abbiamo già parlato ma facciamo qui un reminder per puntualizzare altre idee e suggerimenti. O.Y.M. indica infatti anche andare oltre il recinto di settore. Superare i confini, essere sempre aperti e curiosi verso le novità. Osservare solo macro trends e stare sulla notizia talvolta limita il nostro recinto e l' apertura.

E' necessario saper cogliere "il mondo che cambia", sentire le pulsioni di vita che danno il là ai nuovi scenari dei vostri Movie. Trovare quel qualche cosa in grado di calamitare nuove ricerche, quel qualche cosa che funga da ponte per aiutarvi ad essere diversi ed unici fin dall'inizio. Per questo motivo, quando parlo di O.Y.M., la mia mente pensa al "Remarkable Product", alla Mucca Viola di Seth Godin che ha trovato in me moltissime affinità di pensiero e che, più volte, ho trasmesso a chi ha seguito dei progetti con me.

Quando, nel mio dialogare, spingo al creare, sviluppare elementi nuovi, l'osservazione che emerge frequentemente è "ma… questo non lo ha ancora fatto nessuno… mi sa portare degli esempi?"…. Io rispondo sempre "Ma perché devono esserci degli "esempi?". Non è necessario copiare, è "consigliabile" creare. Per creare avete bisogno di stimoli nuovi e vitali che facciano crescere quello che sta dentro di voi. Ecco perché, acquisire un metodo di lavoro adeguato per cercare notizie, trend o raccogliere quelle che possono sembrare delle semplici osservazioni nel mondo che ci circonda, fornisce utili indicazioni per proseguire in questa direzione.

O.Y.M. significa anche pensare **"piccolo è grande"**. In base alla vostra realtà che sia grande o piccola non dovete arrendervi. Il mondo che ci circonda può dare delle grandi opportunità anche a chi, con delle piccole iniziative personali dettate da buone idee, sa cavalcare il flusso e le nuove tecnologie mettendosi così sul Mercato in maniera innovativa. Pensate a come molte piccole start up sono spesso vincenti.

Interlocutori di Riferimento. - Passo 6 -

A questo punto l' ultimo step della Analisi Contemporanea che ho individuato ci porta a delineare gli **Interlocutori di Riferimento.** Questo passo è molto importante. Con il Real Time e l'ascolto, uniti in un mix adeguato, sarete infatti certamente in grado di individuare ancor meglio gli **Armonici.**

In questa fase di raccolta di idee e di Analisi ci spingiamo infatti verso un' ulteriore osservazione per fotografare meglio gli Interlocutori di Relazione e di Riferimento del Mercato.

Apro per questo un' utile parentesi integrativa per capire, in maniera essenziale, alcuni concetti teorici importanti che si rifanno a due autori: Everett M. Rogers con la sua Curva della Innovazione e Geoffrey A. Moore con la Curva di Diffusione delle idee. Gli input forniti ci porteranno ad inquadrare meglio il concetto in esame.

La curva di diffusione delle idee di Moore, partendo dalla curva originaria di Rogers, prevede in sintesi la presenza di 4 figure. **Innovatori** (Innovators)/**Adottatori,** (Early Adopters) /**Maggioranza Precoce e Tardiva** (Early and Late Majority), **Ritardatari** (Laggards). Moore, sostiene infatti che, tra Innovators e Early Adopters da un lato e la maggioranza degli utenti sul lato opposto, c'è un abisso (chasm) nell' adottare una nuova idea e, quindi, un prodotto sul Mercato.

#Innovatori/Innovators

Persone che vogliono avere in anteprima il prodotto. Il loro desiderio è essere i primi ad averlo anche se non ne hanno bisogno, semplicemente desiderano possederlo.

#Adottatori/Early Adopters

Persone che cercano sempre di avere dei benefici da quello che cercano e che pensano di ottenerli con l'acquisto dei nuovi prodotti. Per questo sono disposti a spendere, adottare le novità ritenendole utili per acquisire così una posizione di maggiore vantaggio sul resto della popolazione.

#Ritardatari/Laggards

Persone che arrivano alle novità quando sono ormai già diffuse e, a questo punto, non sono più tali. Ritengono superfluo cambiare fino a quando il prodotto non sia obsoleto o non più reperibile sul Mercato.

In conclusione di tutto ritengo che **gli Interlocutori di Riferimento siano sostanzialmente gli Innovators e gli Early Adopters del settore d'interesse**. Su di loro è quindi necessario concentrare le proprie attenzioni se si ha una buona idea, o si spera di averla.

Capire chi, tra di loro, è in grado nel contempo di essere Influencer, al punto da rendere virale e condivisibile l' idea, il prodotto/servizio. Saranno dunque quella combinazione perfetta di persone partecipanti al cast del Movie. Costituito da Innovators, Early Adopters includendo anche gli Influencers. L' Analisi spinge a selezionarli per poter individuare gli Armonici.

#Armonici

La selezione degli Interlocutori di Riferimento porta dunque all' individuazione degli Armonici. Su di loro si potrà instaurare il Dialogo per lo sviluppo del Movie. **In questa fase si sono infatti inquadrati i Personaggi con cui lavorare nel film!**

Gli Armonici sono quindi gli Innovators e gli Early Adopters selezionati, fra essi ci saranno certamente i top Influencers del momento con cui dialogare attentamente. Coloro in grado di cavalcare la curva al punto di coinvolgere la maggioranza precoce e ritardataria e forse perfino i Laggards.

A voi la fase successiva, in pianificazione/creazione, dove ogni elemento e tecnica di Marketing avrà il suo spazio. In tal senso anche l'Influencer Marketing andrà ad agire, ad influenzare. Le caratteristiche del prodotto, il suo essere innovativo, unico e diverso sarà infatti frutto di idee e di ricerche in O.Y.M.. Sarà la chiave per aprire nuovi Mercati.

La regia è nelle vostre mani. C'è la giusta sintonia per partire insieme con il film e fare in modo che altri si aggreghino.

Il must in questa fase è dunque inquadrare gli Armonici e, nel contempo, avere un prodotto straordinariamente interessante al punto da essere oggetto delle loro conversazioni e condivisioni.

L'Analisi e il viaggio verso i Media

L'Analisi precede la fase di Pianificazione dove, per l'appunto, come abbiamo visto, verranno sviluppate le diverse progettualità. Fra di esse certamente prende largo spazio la "comunicazione", gli strumenti che accompagnano all'acquisto di un prodotto/servizio.

Per completare l' Analisi, ed essere maggiormente pronti nel realizzare il vostro Movie, penso ora che sia opportuno riflettere un attimo sulle **modalità "di viaggio" che portano ad incontrare le Persone**. Come abbiamo visto la scelta tra una Analisi Tradizionale o Contemporanea presuppone un diverso atteggiamento nei confronti dei propri Interlocutori e, ovviamente, questo va ad incidere in fase di Pianificazione e, nello specifico, in un progetto di comunicazione.

Tragitti e, dunque, tappe di viaggio profondamente diverse sono quelle che conducono il Consumatore all' acquisto finale del prodotto o servizio **(Customer Journey).**

I passi del percorso Tradizionale sono quelli del "Consumatore passivo", soggetto "da colpire". Contesto che si muove in logica **"push",** dove l'autoreferenzialità ed il colpire il target funge da fulcro di ogni attività.

Diverso è il mondo contemporaneo dove, anche se per molti non è ancora chiaro il forte cambiamento culturale in atto, la logica di base è **"pull",** di tipo collaborativo e dialogante. Qui infatti si considera l'entrata in scena del "Prosumer", della sua capacità di scegliere, commentare, criticare…non "subire". Siamo nello scenario dove la proficua ed intensa relazione con gli "Armonici" dovrà lievitare ogni giorno.

Ne consegue che gli stessi strumenti con cui si comunica in questi due viaggi non sono uguali. Diciamo che il Prosumer, nel suo viaggio, raccoglie tappa per tappa, nuovi ingredienti per valutare proposte di Dialogo e collaborazione fornite da adeguate Content Strategies. Il Consumatore Tradizionale percorre invece un tragitto pieno di lanci da ogni direzione, essendo, come Target, oggetto di bersaglio di tecniche di Marketing volte sostanzialmente "a colpire". Questi due viaggi che, a prima vista, sono tanto distanti e diversi, portano in realtà ad un bivio in cui le strade si incrociano. Gli svariati mezzi di comunicazione "per colpire e per dialogare" si uniscono infatti nella **Converged Media.** Metodo che imparerete a conoscere meglio in termini di contenuto prima di affrontare la fase di Pianificazione.

In questo step integrativo della fase di Analisi mi preme intanto che via siano ben chiare alcuni elementi. In particolare: "I due viaggi", una panoramica globale dei Media Tradizionali e di come questi, evolvendosi, si stiano inserendo nel mix ottimale ovvero la Converged Media. Una composizione di strumenti di comunicazione che si intrecciano tra loro: dall'Advertising Tradizionale fino ai nuovi approcci più attenti alle esigenze del Prosumer di oggi.

#IlViaggioPerAcquistare

Abbiamo parlato di consumatori tradizionali e di Prosumer. Conoscere già in fase di Analisi la distinzione tra queste due figure porta ad identificare "le tappe dei loro viaggi" intervenendo così sul percorso in maniera opportuna.

#TappeDiViaggio

In questi ultimi anni, il viaggio delle Persone, dalla scelta del prodotto alla decisione finale **(Customer Journey),** ha subito forti cambiamenti. Le Persone sono sempre più attive, più partecipi. Internet diviene il tramite principale di questa nuova lettura del Mercato.

Il Prosumer è sempre molto informato, conosce in anticipo le caratteristiche del prodotto. E' critico, puntiglioso in ogni passaggio: attento a confrontare, valutare. Ragiona scrupolosamente prima di acquistare. Non si fa incantare facilmente! É nel contempo molto esigente: sa quello che vuole ed è inquieto. L'elemento emergente è il suo desiderio crescente di partecipazione alla creazione del prodotto.

Come deve dialogare con lui il Marketing Movie? Cercando di renderlo partecipe, di farlo sentire coinvolto. Per questo, in fase di Analisi, la nostra attenzione è pensare da subito anche a quest'aspetto. Individuati gli Interlocutori di Riferimento, il cast dei potenziali Armonici, si deve essere coscienti che tra di essi si sta diffondendo l' impronta virale "essere Prosumer".

Questo cambio di rotta, rispetto al profilo del Consumatore Tradizionale, ha delle conseguenze enormi in termini di Pianificazione, in particolare nel come si comunica all'esterno. Per questo è necessaria una breve parentesi sui due diversi viaggi verso l'acquisto del "Consumatore" e del "Prosumer".

Conoscere la Costumer Journey, le sue tappe ed il dove dialogare, diviene centrale in fase di Pianificazione: è meglio acquisire fin da subito un bagaglio minimo di conoscenze su questi aspetti prima di affrontarla. Il conoscere il "modo di viaggiare delle persone" diventa importante perché, già in fase di Analisi, potrete osservare con occhio attento i vostri Interlocutori capendo se sono già stati attaccati dal virus "essere Prosumer". Non è una malattia, non fraintendetemi. Parlo di virus perché, l'essere virale oggi, significa soprattutto saper "influenzare", veicolare altri sul proprio pensiero e scelta. Considerate che forza ha il Prosumer!

Pensate per un momento al "Prosumer Millennial": vi sarà certamente ormai chiaro il suo immenso potere e come l'energia che sprigiona necessiti di essere veicolata in positivo! Perché dico questo? I Millennials passano la maggior parte del loro tempo collegati ad internet, al cellulare: il loro essere travolti da informazioni li ha resi velocissimi nella ricerca. Nel contempo, essendo sempre super informati sui loro interessi, hanno ovviamente frequenti occasioni per influenzare gli altri. Nella scelta di acquisto esternano in vario modo le loro opinioni. "Influenzano", atteggiamento questo che, come abbiamo visto, è ormai doveroso considerare in un piano di comunicazione.

Bene, ciò premesso, guardiamo insieme quanto rappresentato in figura cogliendo l'aspetto differenziante dei due "viaggi": quello del Consumatore Tradizionale e quello del Prosumer. Leggiamo tappa per tappa con "l'occhio attento e desideroso di solleticare e condurre le Persone verso l'acquisto".

Nel viaggio del Consumatore Tradizionale il percorso all'acquisto è molto lineare. La Persona viene colpita dall'advertising e questo lo porta dritto, dritto all'acquisto. In questo caso l'agire di chi vende, il "suo occhio", è sempre stato di tipo Tradizionale utilizzando tutti i Media che, in maniera diretta ed indiretta, veicolano verso il viaggio del Consumatore.

Nel caso del Prosumer le tappe non sono così lineari. Non è facile "colpirlo" attraverso l'advertising perché il suo percorso è più complesso. Parte infatti da un proprio pensiero personale, il moment che lo porta a cercare quel qualche cosa di cui sente di aver bisogno. A questo punto scatta la ricerca…. E anche voi dovete reagire, essere pronti a muovervi con tutti i mezzi possibili per essere in sintonia con lui. Se sta cercando qualche cosa, ma non ha ancora associato un brand a quel prodotto o servizio, ha bisogno di documentarsi. E voi? Voi dovreste essere lì nei luoghi dove potrebbe cercare informazioni. Cosa fare?

Ad esempio creare video, how to, tutorial, in grado di dare al vostro Prosumer maggiori risposte. Oppure potreste creare qualchecosa nei social …il tutto sempre cercando di veicolare indirettamente verso di voi. …

Proseguiamo con il viaggio… Dopo essersi documentato, ed aver acquisto una certa idea, ha bisogno di confrontarsi per definire meglio la sua opinione. Ecco che entra così in forum, community… cerca di partecipare a webinar. **Anche qui…dovreste esserci perché è adesso che lui sta decidendo (Z.M.O.T.).** Solo dopo aver scelto passa all'acquisto on line ed off line. "Speriamo che abbiano scelto me" - direte voi - "certamente - dico io- la scelta dipenderà però anche dal come avrete comunicato, dal come l'unicità e la qualità di quanto state offrendo è riuscita ad emergere nel viaggio".

A questo punto la domanda è: **"Siete ancora certi di voler proseguire con un Approccio Tradizionale?".** In questo caso, come abbiamo visto, la vostra Analisi sarà di tipo previsionale utilizzando i vari step che vi ho illustrato. In sintesi il vostro obiettivo sarà la ricerca del "Target". Il vostro pensiero sarà quello di progettare per un utente "passivo" che necessita di essere colpito con vari strumenti di comunicazione secondo un piano Media che andrete valutando. La ricerca continua di strumenti di comunicazione che possano portare da voi il Target. Come colpirli? Cosa fare per attirare la loro attenzione? In tutto questo, come mostrato in figura, **non c'è Dialogo. In un piano di Comunicazione Tradizionale la linea è monodirezionale.**

Potreste invece aver deciso di abbracciare l'Analisi Contemporanea, con quell'Ascolto e Dialogo che diviene la molla essenziale di ogni scelta. Tutto questo costruendo, ricercando ed alimentando contenuti **(Content Marketing)** veicolati nei più attuali strumenti di comunicazione. **In questo caso il ruolo della comunicazione non sarà più il solo generare attenzione ma, soprattutto, in primis, far scattare il**

Dialogo, coinvolgere gli Armonici e, visto il loro essere Prosumer, rintracciare e far parlare gli Influencers positivi.

In tutto questo evidenziamo ancora il **W.O.M. (il Word of Mouth)**, il passaparola, il trasmettere opinioni, commenti su un servizio, un prodotto in maniera informale.

In questo mondo, dove tutti sono "testimonial", c'è una fiducia crescente nel racconto dell'amico o della "sconosciuta Persona comune", che ha provato quel prodotto o servizio, che ne parla bene. Per questo è fondamentale analizzare, intercettare, coinvolgere i propri pubblici. Abbiamo visto, in questo aspetto, il "potere emergente dei Millennials": loro stessi saranno i primi a creare un W.O.M. positivo o negativo sulla Azienda. Il passaparola fatto da terzi diviene infatti più "credibile", "più genuino", in quanto non direttamente correlato alla vendita del prodotto/servizio in oggetto.

Quando il W.O.M. è ben fatto diviene **buzz** (ronzio) ovvero un passaparola molto intenso ed interattivo da creare **#share** ed essere **#engage.** Tale quindi da essere oggetto di condivisione rendendone trascinante e coinvolgente il contenuto. Pensate all'enorme quantità di conversazioni presenti nella rete e al come, ciascuna di esse, abbia dei canali dedicati. Se volete vederne una immagine, vi consiglio di cliccare on line la parola **"The Conversation Prism",** rimarrete affascinati dal quadro che offre.

Adesso capite come, in fase di Analisi, è fondamentale chiarirsi le idee su queste due diverse figure, di come ci si stia diffusamente avvicinando ad un largo numero di Prosumers. Sono pertanto necessarie conoscenze, anche elementari, dei Media Tradizionali per poterli convertire ed aggregare al meglio in una adeguata Converged Media, il cui mix sarà in grado di parlare con i Consumatori di oggi. Non tutti Prosumers ma nemmeno tutti Consumers! Attraverso il Dialogo sono certa che arriverete ad indentificarli meglio. Nelle loro tappe li osservate, li ascoltate, vi scelgono e li scegliete: sono gli Armonici.

Strumenti della Comunicazione Tradizionale - alcuni input

Quando parliamo di Comunicazione Tradizionale, che come abbiamo anticipato, entra pienamente nella attuale Converged Media, possiamo sostanzialmente riconoscere quattro aree.

- #ComunicazioneIstituzionale.
- #ComunicazioneFinanziaria.
- #ComunicazioneInterna.
- #ComunicazionediMarketing.

#Comunicazione Istituzionale

"Istituzionale". La parola stessa vi fa già intuire qualchecosa. Cosa significa? Il primo messaggio che dovrete trasmettere ai vostri Interlocutori è far capire chi siete in termini globali, o meglio, chi siete come "istituzione". Abbiamo visto cosa significa Vision, Mission, Valori …tutti questi concetti si veicolano qui calibrando il messaggio in giusta misura.

In ottica Tradizionale il primo riferimento per la trasmissione della Comunicazione Istituzionale è sempre stata la **stampa,** con la quale è necessario imparare a comunicare adeguatamente. Non tutti possono permettersi un **ufficio stampa.** Ciononostante non si può prescindere dall'organizzare, anche in misura minimale, le basi per impostare una comunicazione nei confronti di questi importantissimi Interlocutori.

Le attività di un ufficio stampa, o di chi all'interno di una struttura si occupa dei rapporti con la stampa, sono diverse: in base alle risorse economiche ed organizzative a disposizione ognuno potrà dare del proprio meglio. Oggi, rispetto ad un concetto di "ufficio stampa tradizionale", troviamo inoltre una serie di vantaggi offerti dal web che accelerano notevolmente lo sviluppo dei diversi processi.

Anche qui, ancora una volta, è necessario procedere con una forte Analisi. Ricordate quando parlavo insistentemente di quanto sia importante crearsi un data base? Dati ed informazioni sono necessari per creare anche un mini ufficio stampa interno, non importa se poi siete sempre voi a fare tutto. È doveroso per tutti pensarci, partire da questa raccolta dati.

Aprite gli occhi, pensate, guardatevi attorno…. Chi parla del vostro settore? Quali sono le riviste, quotidiani, blog, programmi tv, radio (non necessariamente di settore) che potrebbero magari essere interessati al vostro "racconto?". Annotatevi i nomi dei giornalisti, le mail che siete riusciti ad identificare. Sarà un buon inizio per pensare poi come attivare un Dialogo con loro.

Da tutto questo potrebbe emergere quello che, tradizionalmente, si chiama **"Rassegna Stampa"**. Il **"dicono di noi"** che, ancor oggi, viene inserito in molti siti internet. Qui venivano e vengono raccolti i vari articoli stampa in cui si viene citati.

Ma, pensateci un attimo, apro una piccola parentesi di riflessione. Il **"dicono di noi", in ottica contemporanea, non è più solo della stampa ma, in realtà, di tutti coloro che sempre più spesso commentano esprimendo la loro opinione.** La raccolta diviene un archivio di commenti e di osservazioni, di note, dalle più svariate fonti! Tutto questo si potrà certamente approfondire meglio, esaminando e studiando quanto offrono, in tal senso, i media e gli strumenti tecnologici del mondo contemporaneo. In questo momento quello che certamente vi rimarrà chiaro è la necessità di Analisi.

Ritorniamo ai media tradizionali… Se siete all'inizio dello sviluppo della vostra area Comunicazione/Pubbliche Relazioni con la stampa vi suggerisco poi di crearvi una Cartella Stampa. **Cos'è una Cartella Stampa?**

La parola cartella sta a significare un insieme di documenti che vi riguardano e che sono utili per la stampa. Questi documenti potranno essere raccolti in forma di cartella cartacea, con cd o mini chiavetta aggiuntiva, qualora incontraste personalmente giornalisti. Oppure in formato elettronico pronta per essere spedita. Quali sono i documenti da inserire in cartella? La cartella è composta da uno o più schede, fogli word, in grado di descrivere in maniera sintetica i concetti che ritenete essere più interessanti. Il primo documento da scrivere, se siete all'inizio, sarà una vostra presentazione istituzionale che riassuma Mission, Vision , Valori … Il tutto dovrà essere scritto in maniera piacevole, accattivante e di semplice lettura. Ogni documento che allegherete non dovrebbe superare la pagina anzi, se fosse più breve, sarebbe ancor meglio. A questo potranno poi aggiungersi diversi altri documenti con argomenti specifici e foto correlate per illustrare quanto proposto.

Nel corso del tempo potreste integrare le vostre cartelle con ulteriori "schede": dagli eventi alla presentazione di un prodotto. Vi potrà poi ad esempio essere un comunicato "in pillole", ovvero delle schede con notizie brevi in forma simpatica che potrebbero stuzzicare la curiosità di chi legge, potenzialmente pubblicabili. A tutto questo andranno ovviamente aggiunte immagini volte ad illustrare meglio gli argomenti trattati.

Ognuno di questi "argomenti", in forma di "scheda", costituisce un Comunicato Stampa. Quando lo scriverete potrete digitare in alto la parola "Comunicato Stampa" ed aggiungere la data. Nel testo saranno piacevoli dei virgolettati, delle sorte di interviste ai titolari, collaboratori o altri "Personaggi" che andrete scegliendo per, ad esempio, raccontare la vostra storia, la vostra Mission, commenti su eventi, prodotti... Tutto questo renderà certamente più piacevole e genuino il Dialogo.

Alimentate la curiosità! L'esercizio sarà anche per voi, per tenervi allenati, pensate cosa potreste raccontare. Inviate periodicamente delle notizie ai contatti che avete iniziato a raccogliere nella vostra banca dati. Tenete alta l'attenzione su di voi! Senza essere invadenti fate sapere che ci siete! Sono certa che, con il passare del tempo, sarete in grado di alimentare il Dialogo, di raccontarvi sempre di più. E... perché non organizzare qualche cosa per farvi conoscere di persona? Create un mini evento, organizzatevi ... potreste anche coinvolgere degli amici che, a loro volta, potrebbero raccontarsi insieme a voi.

Altro suggerimento. Impostate **un piano di organizzazione della comunicazione Aziendale interna** al fine di avere sempre una comunicazione coordinata verso l'interno e verso l'esterno. Tutte le Persone che si occupano del sito, dei social, della comunicazione devono sostanzialmente essere connessi fra loro stabilendo a monte un piano di lavoro coordinato. In tal senso potranno essere attuati diversi progetti di **"raccolta delle notizie".** Potreste anche creare dei lavori di squadra per coinvolgere tutti i membri della organizzazione. newsletters, bacheche ecc., raccolta foto, news del mese .. il tutto da progettare ad hoc.

Queste brevi osservazioni vi fanno capire come, anche una piccola attività, dovrebbe occuparsi della comunicazione con la stampa. In ogni momento potrebbero emergere delle news, dei racconti da trasmettere ... è importante seguire le **Pubbliche Relazioni** con la stampa...anche se a piccoli passi. Ovviamente a tutto questo potranno aggregarsi diversi strumenti della più attuale comunicazione on line.

#ComunicazioneFinanziaria

La Comunicazione Finanziaria si propone sostanzialmente di trasmettere l'immagine finanziaria ed economica dell'impresa, il suo stato di salute. In questo caso si parlerà di Comunicati Stampa di tipo finanziario o della creazione ed utilizzo di strumenti di vario tipo (documenti, riunioni...) finalizzati ad informare sull'evoluzione dell'assetto reddituale, finanziario e patrimoniale.

#ComunicazioneInterna

La Comunicazione Interna, come dice la stessa parola, ha in primo luogo l'obiettivo di motivare i collaboratori. Un collaboratore motivato in una struttura organizzata, anche se piccolina, trasmette nel migliore dei modi i messaggi all'esterno. Il suo Dialogo sarà attivo e propositivo divenendo testimonial dell'Azienda. Per questo è necessario informare, dialogare, formare i collaboratori per poterli rendere operativi ed essere in grado di far fronte alle esigenze emergenti. Considerate che, nelle modalità di comunicazione contemporanee, il collaboratore e le sue testimonianze stanno prendendo sempre più spazio.

Per coloro che seguono ancora le linee di comunicazione interna tradizionale gli strumenti sono di diverso tipo in base all'organizzazione. Dalle riunioni ai semplici dialoghi, alle mail, bacheche interne e tutto quello che ci possono offrire, anche in maniera essenziale, le tecnologie. In tutto questo ovviamente quello che conta è l'organizzazione dei contenuti, delle comunicazioni, la loro frequenza.

#ComunicazionediMarketing

La Comunicazione di Marketing in ottica Tradizionale è sostanzialmente costituita da tutti quegli strumenti che hanno lo scopo di "colpire il Target".

Il Marketing più all'avanguardia, lo abbiamo visto, si identifica invece come un insieme di strumenti volti ad attivare il "Dialogo" con i Pubblici di Riferimento. Possiamo così ipotizzare l'uso di molti strumenti che variano in base alla organizzazione ed ai piani strategici che la caratterizzano. Come avrete già immaginato, in quest'area, troviamo strumenti come: **advertising, mezzi di promozione delle vendite in varia forma, sponsorizzazioni, fiere, mostre di settore e pubbliche relazioni.**

Converged Media

Splendido! Adesso avete una idea globale degli strumenti tradizionali che, come anticipatovi, rientrano pienamente nella comunicazione di oggi, di quella più all'avanguardia, al passo con le tecnologie e gli svariati strumenti che ci offre la rete.

Quando parliamo di Converged Media ci riferiamo dunque al fatto che, in chiave contemporanea, un adeguato mix di vari canali di comunicazione risulta essere il più indicato ed è su questo che è necessario lavorare.

Si parla altresì di **Cross - Medialità** di un brand come risultato di un intreccio dei vari mezzi di comunicazione che portano alla costruzione di un messaggio. Una comunicazione coordinata formata da tante componenti (digitali e non) che si uniscono come un puzzle.

In un piano Aziendale è fondamentale saper attuare un intreccio adeguato per giungere ad un Converged Media idoneo.

Nell'immagine potete vedere che distinguiamo tre tipologie di strumenti di comunicazione: **Paid, Owned ed Earned Media**. Queste tre aree, nelle più attuali interpretazioni, dovrebbero portare, in fase di pianificazione, ad una convergenza adeguata.

I **Paid Media** racchiudono i vari strumenti di Marketing della Comunicazione Tradizionale di cui abbiamo parlato che, interpretati secondo la visione del "Consumatore passivo", portano all'atteggiamento del "colpire il Consumatore" e, quindi, si parla di Target. Anche in rete troviamo diversi mezzi acquistabili. Parliamo ad esempio di **Display Advertising** (banner ....), investimenti di vario tipo su Google e sui canali on line che offrono numerose forme di pubblicità a pagamento per creare campagne on line. Tutto ciò può essere analizzato, studiato e proposto adeguatamente attraverso le tecnologie.

Gli **Owned Media** ed **Earned Media** comprendono invece una serie di strumenti che includono canali attuali, del mondo contemporaneo, dove il Dialogo si è attivato. Per questi media il riferimento è in larga parte il Consumatore "attivo", il Prosumer. L'obiettivo è stimolare alla condivisione, al Dialogo, raccontando, entusiasmando.

Gli **Owned Media** (media posseduti) sono quelli di proprietà. Sono efficacissimi e su di essi si possono attivare varie politiche di **Content Strategies** che possono intrecciare l'on line con l'off line. Pensiamo alla stessa organizzazione di eventi, di contest specifici. Tutto questo, con strategie mirate, può coinvolgere vari interlocutori interni ed esterni all'insegna dello share, della condivisione. Il tutto per offrire nuove forme di esperienzialità ed emozionalità all'utente finale. Qui prendono vita, in varia forma di contenuto e design, vari **siti web** siano essi istituzionali o dedicati a prodotti, progetti specifici. Abbiamo poi il mondo dei **blog** dedicati fino ai vari **canali social**. In tal senso potrebbero ovviamente essere aggiunte le **newsletters,** la cui capacità di raccogliere dati e mail dei clienti, può contribuire a creare una vera e propria community a cui rivolgersi con diverse attività di **direct Email Marketing** e quant'altro.

Negli **Earned Media** il Dialogo e la condivisione prendono corpo al punto da portare in piena attività il Dialogo derivandone così: **menzioni, condivisioni,** passa parola... direi lo stimolo che porta anche alla co creazione. Gli Earned Media sono infatti i "media guadagnati", quelli del mondo social nei suoi vari aspetti, dove le conversazioni ed i dialoghi sono vivi in ogni momento della giornata. In essi si aggiungono modalità strategiche e, quindi, mezzi che, a vario livello, sono in grado di incrementare il passaparola, le condivisioni, le menzioni. A tal proposito evidenzio le **#DigitalPR**. Queste attività non riguardano ormai più, come accennato, solo la stampa. Ecco il reminder sull'importanza dell' Analisi, dell'individuazione degli interlocutori con cui attivare PR, pubbliche relazioni.

Attraverso gli Earned Media le opinioni, i commenti, le idee su persone, prodotti e servizi, circolano. Il **W.O.M.,** il passaparola dominante, diventa esso stesso un guadagno positivo se il parlare bene si trasforma in virale e porta quindi effetti positivi sull'oggetto del conversare. Da qui emerge, ancora una volta, l'importanza sui vari sistemi di **"ascolto"** dell'Analisi Contemporanea. Oggi, molti non si sono ancora resi conto dell'importanza dell'investire in maggior misura budget, risorse umane nell' ascolto, creazione e gestione di contenuti adeguati su questi canali. È necessario infatti impostare e reindirizzare le strategie puntando verso un dialogo diffuso e positivo, armonico.

In tutto questo gli "Armonici" trovano la loro strada perfetta. Una adeguata Converged Media sarà infatti in grado di rispondere pienamente alle varie esigenze emergenti.

.

Eccoci. abbiamo finito?

Ebbene sì, almeno per ora ...Come siamo messi? Mi rendo conto che i concetti sono tanti, soprattutto per chi, per la prima volta, affronta queste tematiche. Per questo, come anticipatovi, ho ritenuto opportuno parlarvi soprattutto di **Analisi** e di **Ingredienti Base.**

Il mio consiglio? Ricominciate a leggere e tenete con voi la vecchia carta e penna. Difronte allo schermo del vostro computer prendete appunti e... pensate, create ... ricostruite con metodo i vari passi pensandoli in riferimento al vostro progetto. Cominciate poi a scrivere ed organizzare dati sul computer. Il vostro Movie prenderà forma!

Sarete così in grado di compilare un ultimo foglio, quello con la vostra curva, quella dei **vostri Armonici**. Non solo...avrete anche individuato chi dorme(Laggards).... forse queste persone è meglio lasciarle riposare...vi conosceranno in un altro momento...non sanno cosa si sono perse.

Ci siete? Ottimo ne sono felice, abbiamo stabilito la connection!

.

Alcune note su di me

Dopo la laurea in Economia e Commercio ho maturato una ventennale esperienza nel Marketing, nella Comunicazione e nella Pianificazione Strategica con particolare attenzione al settore vino e turismo, spaziando anche in altri campi.

Ho collaborato con associazioni, consorzi, enti pubblici ed Aziende private come progettista, consulente, formatore, coach. Negli anni ho altresì ricoperto incarichi istituzionali a livello regionale e nazionale nel settore enoturistico.

Da sempre, in ogni attività, ricerco e stimolo il lavoro in team, con forte propensione all'innovazione ed alla creatività. Nel corso delle mie esperienze mi sono avvicinata, con grande entusiasmo, al web, trovando in esso una sintonia perfetta con la professionalità maturata. In tal senso, non smetto mai di saziare la mia curiosità scoprendo nuovi approcci.

Sono fermamente convinta che lo Studio ed il Dialogo siano in grado di arricchire le Persone, potendo così, condividere insieme sempre nuove proposte.

É possibile contattarmi via mail all'indirizzo: cristina.zambanini@gmail.com.